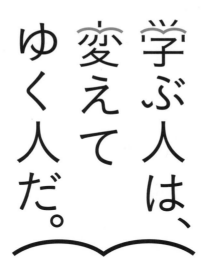

学ぶ人は、
変えて
ゆく人だ。

目の前にある問題はもちろん、

人生の問いや、

社会の課題を自ら見つけ、

挑み続けるために、人は学ぶ。

少しずつ世界は変えてゆける。

いつでも、どこでも、誰でも、

学ぶことができる世の中へ。

旺文社

中学生のための

文部科学省後援

英検®準2級

合格レッスン

［改訂版］

旺文社

もくじ

解説執筆・監修：大關 晋 　　問題執筆：Daniel Joyce 　　　　レッスン執筆：株式会社シー・レップス
編集協力：株式会社シー・レップス，久島智津子，Jason A. Chau，染谷有美 　　イラスト：大野文彰，有限会社アート・ワーク
装丁デザイン：林 慎一郎（及川真咲デザイン事務所） 　　　　　　　　　　　本文デザイン：伊藤幸恵
組版：日新印刷株式会社 　　　録音：ユニバ合同会社 　　　　　　　　　　　ナレーション：大武芙由美，Julia Yermakov，Jack Merluzzi

本書の使い方

本書は以下のような構成になっています。

合格レッスン

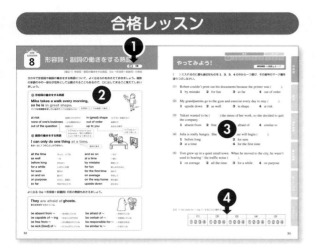

「合格レッスン」は，解説と確認問題「やってみよう！」のセットになっています。まずは準2級の重要ポイントを確認してから確認問題で，学んだことをしっかり定着させましょう。

❶ 音声マーク

❷ 重要ポイント

この青い囲み内にまとめてある例文や語句（リスニング放送文は点線の青い囲み）は音声にも収録されています。

❸ やってみよう！

直前のレッスンで学んだことの理解確認ができる練習問題です。

❹ マーク欄

「やってみよう！」はマーク欄を使って解答しましょう。

チェックテスト

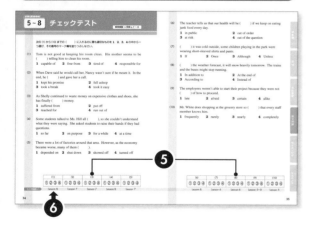

「チェックテスト」では，ここまでのレッスンで学習した内容の理解度が確認できます。各問題に「見直しレッスン」を記載しているので，できなかった問題は戻って復習しましょう。

❺ マーク欄

「チェックテスト」はマーク欄を使って解答しましょう。

❻ 見直しレッスン

間違えた問題は，こちらにあるレッスンに戻って確認をしましょう。

そっくり模試

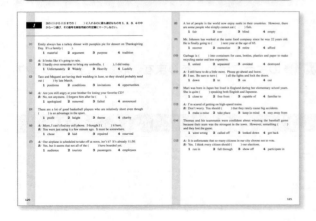

巻末には，模試が 1 回分収録されています。問題形式や問題数を実際の英検に似せているので，時間を計ってチャレンジしてみましょう。巻末の解答用紙や Web 上で自動採点できる採点・見直しアプリ「学びの友」を使って解答できます。

本書に収録されている英検の問題は「従来型」のものです。なお，従来型とその他の方式は問題形式・内容は全く変わりません。実施方式が変わるだけです。

その他

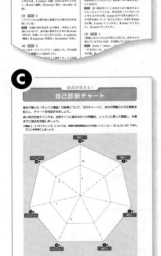

Ⓐ 解答解説

各レッスンの「やってみよう！」や「チェックテスト」，模試の解答解説は別冊にまとめてあります。

Ⓑ 解答用紙

「そっくり模試」用としてお使いください。

Ⓒ 弱点が見える！自己診断チャート

「そっくり模試」の自己採点が終わったら，弱点を把握するために活用しましょう。

Ⓓ 直前対策 BOOK

直前に確認したい単語や表現をまとめてあります。切り離して試験会場に携帯しましょう。

7

音声について

音声の収録内容

本書の音声に対応した箇所は，本文では ♪ 01 のように示してあります。収録内容とトラック番号は以下の通りです。

トラック	収録内容
01 〜 04	合格レッスン 1 〜 4
05 〜 08	合格レッスン 5 〜 8
09 〜 13	合格レッスン 9 〜 13
14 〜 18	合格レッスン 14 〜 18
19 〜 20	合格レッスン 19 〜 20
21 〜 26	合格レッスン 29 〜 31
27 〜 28	合格レッスン 29 〜 31　チェックテスト
29 〜 32	合格レッスン 32 〜 33
33	合格レッスン 32 〜 33　チェックテスト
34 〜 37	合格レッスン 34　面接試験対策
38 〜 48	そっくり模試　リスニング第 1 部
49 〜 59	そっくり模試　リスニング第 2 部
60 〜 70	そっくり模試　リスニング第 3 部

音声の再生方法

※以下のサービスは，予告なく終了することがあります。

1 公式アプリ「英語の友」（iOS／Android）でお手軽再生

ご利用方法

❶ 「英語の友」公式サイトより，アプリをインストール

https://eigonotomo.com/　🔍 英語の友

（右の二次元コードから読み込めます）

❷ アプリ内のライブラリより「中学生のための英検準2級合格レッスン［改訂版］」を選び，「追加」ボタンを押してください

✖ 「英語の友」スピーキング機能について

スピーキング機能を利用すると，本書に収録している面接試験対策の解答例のテキストを読み上げることで発音判定することができます。

※本アプリの機能の一部は有料ですが，本書の音声・スピーキング機能は無料でご利用いただけます。
※詳しいご利用方法は「英語の友」公式サイト，あるいはアプリ内ヘルプをご参照ください。

2 パソコンで音声データをダウンロード（MP3）

ご利用方法

❶ Web特典にアクセス。アクセス方法はp.10をご覧ください
❷ 「音声データダウンロード」から聞きたい音声を選択してダウンロード

※音声ファイルは，zip形式でダウンロードされるので，必ず展開してご利用ください。
※音声の再生にはMP3を再生できる機器などが必要です。ご使用機器，音声再生ソフト等に関する技術的なご質問は，ハードウェアメーカーもしくはソフトウェアメーカーにお願いいたします。

3 スマートフォン・タブレットでストリーミング再生

➡ 「そっくり模試」にのみ対応

ご利用方法

❶ 「学びの友」公式サイトにアクセス。詳細は，p.11をご覧ください

（右の二次元コードから読み込めます）

❷ マークシートを開き，リスニングテストの問題番号の横にある音声再生ボタンを押す

※「学びの友」公式サイトでは「そっくり模試」リスニングテストの音声のみお聞きいただけます。
※一度再生ボタンを押したら，最後の問題まで自動的に進みます。
※音声再生中に音声を止めたい場合は，停止ボタンを押してください。
※問題を1問ずつ再生したい場合は，問題番号を選んでから再生ボタンを押してください。
※音声の再生には多くの通信量が必要となりますので，Wi-Fi環境でのご利用をおすすめいたします。

Web特典について

アクセス方法

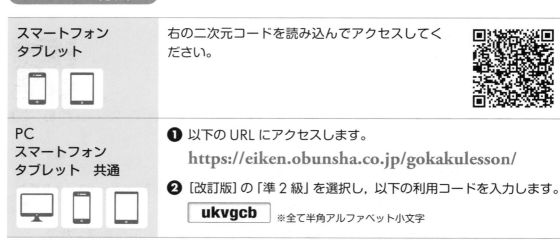

スマートフォン タブレット	右の二次元コードを読み込んでアクセスしてください。
PC スマートフォン タブレット　共通	❶ 以下の URL にアクセスします。 **https://eiken.obunsha.co.jp/gokakulesson/** ❷ ［改訂版］の「準2級」を選択し，以下の利用コードを入力します。 **ukvgcb**　※全て半角アルファベット小文字

※本サービスは予告なく，変更，終了することがあります。

特典内容

本書では以下の Web 特典をご利用いただくことができます。

　自動採点サービス　 ➡ 詳しくは p.11

「そっくり模試」はオンラインマークシートで自動採点できる採点・見直しアプリ「学びの友」に対応しています。

　音声データのダウンロード　 ➡ 詳しくは p.9

本書に付属の音声をダウンロードすることができます。

自動採点サービスについて

本書収録の「そっくり模試」(p.119) を，採点・見直し学習アプリ「学びの友」でカンタンに自動採点することができます。

□ 便利な自動採点機能で学習結果がすぐにわかる

□ 学習履歴から間違えた問題を抽出して解き直しができる

□ 学習記録カレンダーで自分のがんばりを可視化

ご利用方法

1 「学びの友」公式サイトにアクセスします。

https://manatomo.obunsha.co.jp/　　🔍 学びの友

（右の二次元コードからもアクセスできます）

2 アプリを起動後，「旺文社まなび ID」に会員登録します。
会員登録は無料です。

3 アプリ内の「書籍を追加する」をタップして，ライブラリより本書を選び，「追加」ボタンを押します。

※iOS／Android 端末，Web ブラウザよりご利用いただけます。
※アプリの動作環境については，「学びの友」公式サイトをご参照ください。なお，本アプリは無料でご利用いただけます。
※詳しいご利用方法は「学びの友」公式サイト，あるいはアプリ内ヘルプをご参照ください。
※本サービスは予告なく，変更，終了することがあります。

英検準2級の出題形式

1 短文の語句空所補充　目標時間 🕐 9分　15問

短文または会話文中の（　）に適する語句を，4つの選択肢から1つ選ぶ問題です。主な出題パターンは，単語（名詞，動詞，形容詞，副詞）と熟語です。傾向としては，15問中約10問が単語の問題です。

2 会話文の文空所補充　目標時間 🕐 8分　5問

A，B2人の会話文中の（　）に適する語句や文を，4つの選択肢から1つ選ぶ問題です。

3 長文の語句空所補充　目標時間 🕐 8分　2問

人物についての物語文を読んで，（　）に適する語句を4つの選択肢から1つ選ぶ問題です。

4 長文の内容一致選択　目標時間 🕐 20分　7問

[A]，[B]の2種類が出題され，[A]はEメール（3問），[B]は説明文（4問）です。英文の内容に関する質問に答えたり，内容に合うように文を完成させたりする問題が出題されます。

5 ライティング（Eメール問題）　目標時間 🕐 15分　1問

Eメールを読んで，40語〜50語程度の英文で返信メールを書く問題です。

6 ライティング（英作文問題）　目標時間 🕐 20分　1問

日常生活に関する身近な話題についてQUESTIONが出され，自分の意見とその理由2つを50語〜60語程度の英文で書く問題です。

第1部	会話の応答文選択	放送回数 1回	10問

会話を聞き，最後の発話に対する応答として最もふさわしいものを3つの選択肢から1つ選ぶ問題です。問題冊子に選択肢は印刷されていません。会話・選択肢とも放送回数は1回です。

第2部	会話の内容一致選択	放送回数 1回	10問

男女2人の会話とその内容に関する質問を聞いて，質問の答えとして適切なものを4つの選択肢から1つ選ぶ問題です。会話と質問は1回放送されます。

第3部	文の内容一致選択	放送回数 1回	10問

英文とその内容に関する質問を聞いて，質問の答えとして適切なものを4つの選択肢から1つ選ぶ問題です。英文と質問は1回放送されます。

二次試験 面接 ⏱ 約**6**分

英文（パッセージ）とイラストの付いたカードが渡され，20秒の黙読のあと，英文の音読をするよう指示されます。それから，5つの質問をされます。

問題	形式・課題詳細
音読	50語程度のパッセージを読む。
No.1	音読したパッセージの内容についての質問に答える。
No.2	イラスト中の人物の動作や人物の状況を描写する。
No.3	
No.4	日常生活の身近な事柄についての質問に答える。
No.5	（カードのトピックに直接関連しない内容も含む）

英検®受験情報

※2024年3月時点の情報に基づいています。受験の際は，英検ウェブサイト等で最新情報をご確認ください。
※以下の受験情報は「従来型」のものです。

試験日程

試験は年に3回行われます。二次試験には複数の日程があります。

申し込み方法

団体受験

学校や塾などで申し込みをする団体受験もあります。詳しくは先生にお尋ねください。

個人受験

下記いずれかの方法でお申し込みください。

	インターネット （願書不要）	英検ウェブサイトから直接申し込む。 検定料は，クレジットカード，コンビニ，郵便局ATMで支払う。
	コンビニ （願書不要）	コンビニの店頭の情報端末に入力し，「申込券」が出力されたら検定料をレジで支払う。
	英検特約書店 （要願書）	書店で検定料を支払い，「書店払込証書」と「願書」を協会へ郵送。

※申し込み方法については変更になる可能性があります。

検定料

検定料については英検ウェブサイトをご覧ください。

✖ お問い合わせ先

英検サービスセンター ☎ **03-3266-8311**
月〜金 9:30 〜 17:00（祝日・年末年始除く）

英検ウェブサイト **https://www.eiken.or.jp**

英検ウェブサイトでは，試験についての詳しい情報を見たり，入試等で英検を活用している学校を検索することができます。

合格LESSON

「合格レッスン」では，英検準2級に必要な知識を学ぶことができ，練習問題の「やってみよう！」を通じて学んだことの理解度が確認できます。

レッスンの青い囲み内にまとめてある例文や語句（リスニングの放送文は点線の青い囲み）は，音声に収録されていますので，ぜひ活用してください。

「チェックテスト」で間違えた問題は，レッスンに戻って，もう一度確認しましょう。

身の回りのものや 概念・性質を表す名詞

♪ 01

【筆記1】 身近な名詞，抽象名詞，名詞の語尾

名詞は筆記1の短文穴埋め問題で出題されます。よく出る身の回りのものを表す名詞は場面やトピック別に覚えましょう。

● 生活で使う語

Put your clothes in the closet. あなたの服をクローゼットにしまいなさい。

| aisle | （列車などの）通路 | closet | クローゼット | clothes | 服 |
| furniture | 家具 | journey | 旅行 | traffic | 交通 |

● 人を表す語

The politician talked to the audience. その政治家は聴衆に話しかけた。

| audience | 聴衆 | employee | 従業員 | owner | 所有者 |
| politician | 政治家 | president | 社長 | tourist | 観光客 |

準2級では，形のない概念や性質を表す名詞もよく出題されます。

● 性質や状態を表す語

She has a sense of beauty. 彼女は美的感覚がある。

| beauty | 美 | courage | 勇気 | danger | 危険 |
| security | 安全 | sense | 感覚 | silence | 静けさ |

● 論文・議論で使われる語

What is the purpose of the activities? その活動の目的は何ですか。

| activity | 活動 | condition | 条件 | detail(s) | 詳細 |
| purpose | 目的 | theme | テーマ | result | 結果 (↔ cause 原因) |

● 人生・人間関係で使われる語

A positive attitude leads to success. 前向きな態度は成功につながる。

| attitude | 態度 | experience | 経験 | generation | 世代 |
| pressure | 圧力 | success | 成功 | tradition | 伝統 |

動詞や形容詞を覚えるときは，名詞形も一緒に覚えるようにしましょう。

-ion, -tion			-ment			その他		
decision	決定	動decide	argument	議論	動argue	choice	選択	動choose
reservation	予約	動reserve	payment	支払い	動pay	freedom	自由	形free
suggestion	提案	動suggest				knowledge	知識	動know

名詞の語尾を覚えておけば，動詞や形容詞から意味が推測できる！

やってみよう！

解答解説 ➡ 別冊 p.2

（　　）に入れるのに最も適切なものを **1**，**2**，**3**，**4** の中から一つ選び，その番号のマーク欄を塗りつぶしなさい。

(1)　Jenny didn't like Tim's (　　　　) because he was very rude*1 to the waiter.
　　1 courage　　　　**2** beauty　　　　**3** attitude　　　　**4** purpose

(2)　*A*: Mom, I'm home from soccer practice.
　　B: Don't forget to put your dirty (　　　　) in the washing machine*2.
　　1 clothes　　　　**2** aisle　　　　**3** journey　　　　**4** traffic

(3)　Ms. Brown is looking for the (　　　　) of the car parked*3 in front of her house.
　　1 audience　　　　**2** owner　　　　**3** employee　　　　**4** president

(4)　Ken traveled alone in Australia.　It was a great (　　　　) for him.
　　1 silence　　　　**2** furniture　　　　**3** experience　　　　**4** detail

(5)　*A*: Wow, everything looks delicious!　Who prepared all the food?
　　B: We all did!　But it was Alice's (　　　　) to have a surprise party for you.
　　1 reservation　　　　**2** condition　　　　**3** generation　　　　**4** suggestion

【注】 *1 rude 失礼な　*2 washing machine 洗濯機　*3 park 〜を駐車する

(1)	(2)	(3)	(4)	(5)
① ② ③ ④	① ② ③ ④	① ② ③ ④	① ② ③ ④	① ② ③ ④

名詞の種類による数量の表し方と不定代名詞

🎵 02

【筆記1】可算・不可算名詞，注意すべき不定代名詞

名詞には可算名詞（数えられる名詞）と不可算名詞（数えられない名詞）があります。可算・不可算によって数や量の表し方が違うので注意しましょう。

● **可算名詞［数］**

I have many books.
私はたくさんの本を持っている。 ‹‹‹「たくさんの」›››

He slept for a few minutes.
彼は数分間寝た。 「人々」だから複数扱い

Few people went out.
ほとんどの人が出かけなかった。 ‹‹‹「ほとんど〜ない」

● **不可算名詞［量］** 数えられないから，名詞は複数形にならない

Did you have much snow yesterday?
昨日はたくさん雪が降りましたか。

There is a little coffee left. 「少しの」
コーヒーが少し残っている。

He has little money.
彼はお金をほとんど持っていない。

不特定のものや量を表す one, another, other, some, any などの不定代名詞をおさえましょう。

I don't like this shirt. Can you show me another?
私はこのシャツが好きではありません。別のものを見せていただけますか。 他の不特定の1つを指す

I have two bags. One is blue, and the other is red.
私は2つかばんを持っている。1つは青でもう1つは赤だ。 the がつくと残りすべてを指す

He has four cats. One is black, and the others are white.
彼は4匹の猫を飼っている。1匹は黒で，他は白だ。

Some like math, and others like history.
数学が好きな人もいれば，歴史が好きな人もいる。 the がついていないのでこれ以外の人もいる

Are you cooking pasta? I'd like to have some.
パスタを作っているの？ いくらか食べたいな。 some は肯定文で「いくつか，いくらか」を表す

Emily has two dogs, but I don't have any.
エミリーは2匹犬を飼っているが，私は1匹も飼っていない。 any は否定文で「何も〜ない」を表す

---

both, either, neither は2つのものについて「どちらも」「どちらか一方」などを表します。

I like both. 私は両方好きだ。

You can eat either of these.
これらのどちらかを食べてよい。 of の後は複数形

I like neither of them.
それらのどちらも好きではない。 2つのものを具体的に言うなら

both 両方（どちらも）○
either ↘か↗のどちらか
neither どちらも✕

both (A and B)　either (A or B)　neither (A nor B)

✓ 否定文の後に〈neither（副詞）＋ V ＋ S.〉で「…もまた〜ない」を表します。

例：**A: I don't like the movie. B: Neither do I.**
　　A: 私はその映画が好きではない。　　B: 私も好きではない。

やってみよう！

解答解説 ➡ 別冊 p.2 ～ 3

（　　）に入れるのに最も適切なものを **1**，**2**，**3**，**4** の中から一つ選び，その番号のマーク欄を塗りつぶしなさい。

(1)　*A*: All right, it's time to finish the meeting. Have we discussed everything?
　　B: Excuse me. I have (　　　　) questions.

　　1　much　　　　**2**　little　　　　**3**　a little　　　　**4**　a few

(2)　Satoshi wanted to buy something to eat, but he had (　　　　) money with him. He decided to go straight home.

　　1　some　　　　**2**　many　　　　**3**　little　　　　**4**　much

(3)　There were a lot of children in the room. Some were playing with toys and (　　　　) were reading books.

　　1　others　　　　**2**　another　　　　**3**　the other　　　　**4**　any

(4)　John's school will have their parents' day next week, but (　　　　) of his parents can come. They are very busy at work.

　　1　both　　　　**2**　some　　　　**3**　either　　　　**4**　neither

(5)　Shelly has two brothers. One lives in Tokyo and (　　　　) lives in Hiroshima.

　　1　the other　　　　**2**　the others　　　　**3**　another　　　　**4**　others

(1)	(2)	(3)	(4)	(5)
① ② ③ ④	① ② ③ ④	① ② ③ ④	① ② ③ ④	① ② ③ ④

使い分けに注意が必要な動詞

🎵 03

【筆記1】自動詞・他動詞，似た意味を持つ動詞の使い分け

動詞は筆記1の短文穴埋め問題で出題されます。動詞には自動詞（直後に目的語をとらない）と他動詞（直後に目的語をとる）がありますが，間違えやすいものを整理しましょう。

● 自動詞

The sun has risen.

太陽が昇った。

rise 自 上がる，昇る
(過去形 rose　過去分詞 risen)

> lie の現在分詞は lying

The cat is lying on the bed.

猫はベッドに横たわっている。

lie 自 横たわる
(過去形 lay　過去分詞 lain)

He graduated from the college.

彼は大学を卒業した。

> 自動詞なので目的語を
> とるには前置詞が必要

apologize (to ～)　（～に）謝る
graduate (from ～)　（～を）卒業する

● 他動詞

She raised her hand.

彼女は手を挙げた。

raise 他 ～を上げる，挙げる
(過去形 raised　過去分詞 raised)

raise her hand

He laid the pen on the desk.

彼は机にペンを置いた。

lay the pen

lay 他 ～を横たえる，置く
(過去形 laid　過去分詞 laid)

> 他動詞なので about
> などの前置詞は不要

We discussed the problem.

私たちはその問題について議論した。

attend	～に出席する	approach	～に近づく
discuss	～について議論する	enter	～に入る
marry	～と結婚する	resemble	～に似ている

筆記1に出る動詞の中には，意味が紛らわしいものがあります。意味の使い分けが必要な語は使い方をしっかり覚えておきましょう。

The box contains apples.

その箱にはリンゴが入っている。

This sum includes tax.

この合計は税込みである。

contain　（全体として）～を含む
include　（あるものの一部に）～を含む

I didn't recognize him at first.

最初は彼だとわからなかった。

I noticed the change.

私はその変化に気づいた。

recognize　（覚えのある人・もの）がわかる
notice　（目や耳の感覚で）～に気づく

---

bite　～にかみつく，一口かじる
chew　～をよくかむ
mend　（破れた衣類など）を修繕する
fix [repair]　（機械・乗り物など）を修理する

memorize　（学ぶことによって）～を記憶する
remember　（～する[した]ことを）記憶している，思い出す
punish　～を罰する
scold　～を叱る

やってみよう！

解答解説 ➡ 別冊 p.3

（　　）に入れるのに最も適切なものを **1**，**2**，**3**，**4** の中から一つ選び，その番号のマーク欄を塗りつぶしなさい。

(1) When Mr. Baldwin finished speaking, some of the students (　　　) their hands to ask questions.

　　1 rose　　　　　**2** raised　　　　　**3** recognized　　**4** entered

(2) *A*: I'm so tired. I was standing at work all day today.
　　B: Why don't you (　　　) down on the sofa for a while?

　　1 graduate　　　**2** bite　　　　　**3** fix　　　　　**4** lie

(3) Lucy and Jason went to an amusement park. They bought special tickets which (　　　) the entrance fee and a drink ticket.

　　1 memorized　　**2** included　　　**3** mended　　　**4** noticed

(4) Patrick was (　　　) by his teacher because he broke the classroom window.

　　1 scolded　　　**2** chewed　　　**3** resembled　　**4** laid

(5) This morning Wendy left home earlier than usual. She had to (　　　) an important meeting.

　　1 approach　　　**2** apologize　　**3** attend　　　**4** punish

(1)	(2)	(3)	(4)	(5)
① ② ③ ④	① ② ③ ④	① ② ③ ④	① ② ③ ④	① ② ③ ④

名詞との組み合わせや形で覚える動詞

♪ 04

【筆記1】名詞との組み合わせ，受け身で使うことが多い動詞，反意語・同意語

筆記1の短文穴埋め問題で選択肢が動詞の場合，空所の後の目的語がヒントになることもあります。一緒に使われることの多い動詞と名詞の組み合わせを覚えておきましょう。

Tom **gained weight** because he ate too much.

トムは食べすぎたので**体重を得た**（＝体重が増えた）。

lose [↔ gain] weight	体重が減る［増える］		
accomplish [achieve] one's goal	目標を達成する	breathe (in) fresh air	新鮮な空気を吸う
climb a hill	丘を登る	earn money	お金を稼ぐ
feed the animals	動物にえさをやる	publish a novel	小説を出版する
solve a problem	問題を解決する		

受け身で使われることが多い動詞があります。前置詞とセットで熟語として覚えましょう。

She **was disappointed at** her test results.

彼女はテストの結果に**がっかりした**。

disappoint	（～をがっかりさせる）	→ be disappointed at [with] ～	～にがっかりする
fill	（～を満たす）	→ be filled with ～	～で満たされている
impress	（～を感動させる）	→ be impressed with ～	～に感動する
injure	（～を傷つける）	→ be injured in ～	～でけがをする
surprise	（～を驚かせる）	→ be surprised at ～	～に驚く
surround	（～を囲む）	→ be surrounded by ～	～に囲まれている

動詞は反意語・同意語もセットで覚えるようにすると効率的です。準2級でよく出る動詞の反意語・同意語をおさえましょう。

● 反意語

increase	増える，～を増やす	↔ decrease	減る，～を減らす
melt	溶ける，～を溶かす	↔ freeze	凍る，～を凍らせる
float	浮く	↔ sink	沈む
succeed	成功する	↔ fail	失敗する

melt ↔ freeze

● 同意語

choose ≒ select	～を選ぶ	harm ≒ damage	～に損害を与える
provide ≒ supply	～を供給する	propose ≒ suggest	～を提案する

やってみよう!

解答解説 → 別冊 p.3 〜 4

( ) に入れるのに最も適切なものを **1**, **2**, **3**, **4** の中から一つ選び,その番号のマーク欄を塗りつぶしなさい。

(1) Jeremy wants to be a soccer player. He always tries his best to ( ) his goal.

    1 publish   **2** accomplish   **3** solve   **4** gain

(2) Lisa started teaching English online and ( ) some money from it.

    1 achieved   **2** lost   **3** earned   **4** fed

(3) Martin lives in a small village. His house is ( ) by a lot of trees.

    1 supplied   **2** provided   **3** impressed   **4** surrounded

(4) Last Saturday Ryan was ( ) in a car accident. The doctor said that he would recover in a week.

    1 injured   **2** disappointed   **3** surprised   **4** filled

(5) *A:* I have some great news, Cathy! Dad is going to take us on a trip because his boss ( ) his salary.
   B: That's wonderful!

    1 melted   **2** increased   **3** suggested   **4** decreased

(1)	(2)	(3)	(4)	(5)
① ② ③ ④	① ② ③ ④	① ② ③ ④	① ② ③ ④	① ② ③ ④

次の (1) から (10) までの (　　　) に入れるのに最も適切なものを **1**，**2**，**3**，**4** の中から一つ選び，その番号のマーク欄を塗りつぶしなさい。

(1) Joanna interviewed a famous writer for the magazine. He had a good (　　　) of humor so she was able to write an interesting article.

　1 sense　　　　**2** activity　　　**3** silence　　　**4** attitude

(2) *A:* Paul, what are you going to do after you (　　　) from the college?
　B: I plan to work for a tour company.

　1 raise　　　　**2** graduate　　　**3** contain　　　**4** impress

(3) Jack's favorite soccer team lost the game yesterday. He seems to be (　　　) at the results.

　1 filled　　　　**2** injured　　　**3** disappointed　**4** surrounded

(4) *A:* Have you decided where we're going to take Carol this weekend?
　B: Let's go to the Kids Festival. She can do some fun (　　　) like painting.

　1 activities　　　**2** fireworks　　　**3** ceremonies　　**4** conditions

(5) The baby wouldn't stop crying but finally fell asleep. Anna quietly (　　　) down the baby on the bed.

　1 drew　　　　**2** lost　　　　**3** laid　　　　**4** fought

(1)	(2)	(3)	(4)	(5)
① ② ③ ④	① ② ③ ④	① ② ③ ④	① ② ③ ④	① ② ③ ④

ここを見直し！ 　　Lesson 1　　　　Lesson 3　　　　Lesson 4　　　　Lesson 1　　　　Lesson 3

(6) **A:** I heard you are moving to a new house.

　　B: Yeah. I need to buy some (　　　　), such as chairs and a table.

　　1 theme　　　　**2** furniture　　　　**3** traffic　　　　**4** aisle

(7) Katy's old shirt had a small hole in the sleeve. She decided to (　　　) it so that she could wear it again.

　　1 care　　　　**2** damage　　　　**3** mend　　　　**4** choose

(8) **A:** We must get together once more to finish the project. It will be (　　　　) tomorrow or this Saturday.

　　B: OK. Saturday is better for me.

　　1 either　　　　**2** both　　　　**3** neither　　　　**4** so

(9) The travel company is very popular among foreign tourists these days. It (　　　) various tours at reasonable prices.

　　1 attends　　　　**2** decreases　　　　**3** notices　　　　**4** provides

(10) **A:** Wow, you baked so many cookies!

　　B: You can have (　　　), Liam. But don't eat too many!

　　1 few　　　　**2** many　　　　**3** some　　　　**4** no

(6)	(7)	(8)	(9)	(10)
① ② ③ ④	① ② ③ ④	① ② ③ ④	① ② ③ ④	① ② ③ ④
Lesson 1	Lesson 3・4	Lesson 2	Lesson 3・4	Lesson 2

合格 LESSON 5　おさえておきたい形容詞・副詞

♪ 05

【筆記1】形容詞の用法，形容詞＋ ly の副詞，頻度・程度を表す副詞

筆記1の短文穴埋め問題では，形容詞・副詞も出題されます。
形容詞には，名詞を修飾する〈限定用法〉と，文の補語となる〈叙述用法〉があります。注意が必要なものを確認しておきましょう。

● 限定用法のみで使われる形容詞

たった1人の　　子供
He is the only child they have.
↑ 名詞を修飾

main 主な　　　nearby すぐ近くの
only 唯一の

● 叙述用法のみで使われる形容詞

S　V　C
He is awake. ⟨補語となる⟩
彼　は　目覚めている

alike 似ている　　　alive 生きている
asleep 眠っている　　awake 目覚めている

◆ 限定・叙述用法で意味が異なる形容詞 ◆

形容詞	限定用法	叙述用法
late	最近の　latest news　最新のニュース	遅れて　be late for 〜　〜に遅れている
present	現在の　present situation　現在の状況	出席して　be present at 〜　〜に出席している
certain	ある〜　certain day　ある日	確信して　be certain of 〜　〜を確信している

多くの形容詞は語尾に -ly をつけると副詞になります。よく出題されるものをセットで覚えましょう。

---

apparent（見かけ上）＋ ly ＝ **apparently** 見たところ（らしい）

exact（正確な）＋ ly ＝ **exactly** 正確に　　late（最近の）＋ ly ＝ **lately** 最近

lucky（幸運な）＋ ly ＝ **luckily** 幸運にも　　most（ほとんどの）＋ ly ＝ **mostly** 主に，大部分は

natural（自然な）＋ ly ＝ **naturally** 当然　　safe（安全な）＋ ly ＝ **safely** 安全に

> late「遅い」の意味の副詞は
> late「遅く」で表す

頻度や程度，否定の意味を表す副詞をまとめて覚えましょう。

● 頻度を表す副詞

always	いつも	usually	たいてい	often	しばしば
frequently	頻繁に	regularly	定期的に	sometimes	時々
rarely / seldom	めったに〜ない			never	決して〜ない

● 程度を表す副詞

completely 完全に　　extremely 極端に　　almost ほとんど
nearly ほとんど　　quite かなり　　barely かろうじて
hardly / scarcely ほとんど〜ない

（目安）		高 ↑
always	100%	
usually	80%	
often, frequently	60%	頻度
sometimes	30%	
rarely	5%	
never	0%	低 ↓

26

やってみよう！

解答解説 ➡ 別冊 p.5

（　　）に入れるのに最も適切なものを **1**，**2**，**3**，**4** の中から一つ選び，その番号のマーク欄を塗りつぶしなさい。

(1) The Smiths hope that their children will return (　　　　) from the school trip.

　　1 apparently　　**2** safely　　　　**3** barely　　　　**4** extremely

(2) People who were (　　　　) at the meeting should write a report on it.

　　1 present　　　　**2** certain　　　　**3** alive　　　　**4** alike

(3) *A*: Have you read my essay, Dad?
　　B: Yes, but I think you should explain your (　　　　) point more clearly.

　　1 late　　　　　**2** afraid　　　　**3** main　　　　**4** only

(4) There was (　　　　) anybody who wanted to help with the new volunteer activities.

　　1 nearly　　　　**2** frequently　　**3** naturally　　**4** hardly

(5) Josh waited for Helen at the station, but she didn't come. She had (　　　　) forgotten about the appointment.

　　1 rarely　　　　**2** completely　　**3** luckily　　　**4** lately

(1)	(2)	(3)	(4)	(5)
① ② ③ ④	① ② ③ ④	① ② ③ ④	① ② ③ ④	① ② ③ ④

【筆記１】注意すべき前置詞，群前置詞，接続詞

筆記１の短文穴埋め問題では，前置詞や接続詞が選択肢になることもあります。まずは，注意すべき前置詞をおさえましょう。

● until [till] と by

We will wait until 6 o'clock.

私たちは６時まで待つだろう。　　「～まで（ずっと）」という継続を表す

He will get home by 6 o'clock.

彼は６時までに帰宅するだろう。　　「～までに（は）」という期限を表す

● for と during

Tom studied for 2 hours.

トムは２時間勉強した。　　for の後には「数字や期間の長さ」をともなった語句がくる

I felt sleepy during the meeting.

私は会議の間眠かった。　　during の後には「特定の期間」を表す語句がくる

6時

until（まで）
6時までずっと

by（までに）
6時までのどこかの地点

その他の重要前置詞
against「～に反して」
across「～を横断して，渡って」
except「～以外」
over「～を越えて，超えて」

２語以上の語がつながって１つの前置詞のように働く群前置詞をまとめて覚えましょう。

According to the weather forecast, it will be fine tomorrow.

天気予報によると明日は晴れだ。

according to ～　～によると　　**as for ～**　～に関して　　**at the end of ～**　～の終わりに

because of ～　～の理由で　　**due to ～**　～が原因で　　**in addition to ～**　～に加えて

in spite of ～　～にもかかわらず　　**instead of ～**　～の代わりに

空所の後に節（主語＋動詞）がきていたら，接続詞の問題です。準２級でよく出る重要な接続詞を例文で覚えましょう。

Although [Though] they are poor, they are happy.　彼らは貧しいけれども，幸せだ。

You cannot go out unless you finish your homework.　宿題を終えない限り，出かけられないよ。

Once you meet Mike, you will like him.　一度マイクに会えば，彼のことが好きになるだろう。

As John was very tired, he went to bed early.　ジョンはとても疲れていたので，早く寝た。

◆ 接続詞 as のさまざまな意味 ◆

意味	例文
～につれて	**As** it gets darker, it becomes colder.　暗くなるにつれて，寒くなる。
～するとき，～しながら	I saw John **as** I was crossing the street.　通りを渡っているとき，私はジョンを見た。
～するとおりに	I quit my job **as** I told you before.　以前あなたに言ったとおり，私は仕事を辞めた。

やってみよう！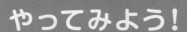

解答解説 ➡ 別冊 p.5 ～ 6

（　　）に入れるのに最も適切なものを **1**，**2**，**3**，**4** の中から一つ選び，その番号のマーク欄を塗りつぶしなさい。

(1)　*A:* Can you help me clean the living room, Vicky?

　　B: Sorry, I can't help you now. I have to finish this report (　　　　) tomorrow morning.

　　1 at　　　　　　**2** in　　　　　　**3** by　　　　　　**4** until

(2)　The coach kept us practicing in the school yard (　　　　) the hot weather.

　　1 according to　**2** due to　　　　**3** instead of　　**4** in spite of

(3)　*A:* You will be late for the train (　　　　) you leave very early tomorrow.

　　B: I know. I already set the alarm clock for 4 o'clock.

　　1 if　　　　　　**2** unless　　　　**3** but　　　　　**4** although

(4)　Alice and Jill went hiking in the mountains. (　　　　) they climbed higher, they felt cooler.

　　1 As　　　　　　**2** Though　　　　**3** While　　　　**4** Until

(5)　The bus was delayed (　　　　) the accident near the city.

　　1 at the end of　**2** as for　　　　**3** in addition to　**4** because of

(1)	(2)	(3)	(4)	(5)
① ② ③ ④	① ② ③ ④	① ② ③ ④	① ② ③ ④	① ② ③ ④

単熟語

文法

会話表現

長文読解

ライティング

リスニング

動詞の働きをする熟語

♪ 07

【筆記 1】他動詞・自動詞の働きをする熟語，〈動詞＋名詞や形容詞［副詞］〉の熟語

筆記１の短文穴埋め問題では，熟語に関する問題も出題されます。動詞の働きをする熟語について，他動詞と自動詞の働きをするものに分けて見てみましょう。

● 他動詞の働きをする熟語

**Because of the heavy rain,
they decided to call off the game.**

ひどい雨のため，彼らは試合を中止することに決めた。

call off ～	～を中止する	care about ～	～を心配する，～に関心がある
carry out ～	～を実行する	concentrate [focus] on ～	～に集中する
do without ～	～なしですます	get [stay] away from ～	～から離れる
hear from ～	～から連絡がある	keep up with ～	～についていく
put off ～	～を延期する	reach for ～	～に手を伸ばす
run out of ～	～を使い切る	suffer from ～	～で苦しむ
turn down ～	～を断る	turn on [⟷ off] ～	（電気など）をつける［消す］

● 自動詞の働きをする熟語

I will wait here until he gets back. 彼が戻ってくるまで私はここで待つ。

get back	戻ってくる	show off	見えをはる，いいところを見せる
show [turn] up	現れる	shut down	（店・工場などが）閉鎖する

慣用的に用いられる〈動詞＋名詞や形容詞［副詞］〉の組み合わせを覚えておくと，穴埋め問題を解くときの大きなヒントになります。さまざまな慣用表現をおさえましょう。

● 動詞＋名詞を含む語句

Can you do me a favor? 私の頼みを聞いてくれる？

do ～ a favor	～の頼みを聞く	keep (～) in mind	(～を) 覚えておく
keep a secret	秘密を守る	keep [⟷ break] one's promise	約束を守る［破る］
make a noise	音を立てる	make friends (with ～)	(～と) 友達になる
make oneself at home	くつろぐ	make sense	意味が通じる，理解できる
make up one's mind	決意する	take place	起こる

● 動詞＋形容詞［副詞］

fall asleep	眠りこむ	get ready (for ～)	(～の) 準備をする
go wrong	うまくいかない	take it easy	気楽にやる

やってみよう！

解答解説 ➡ 別冊 p.6

（　　）に入れるのに最も適切なものを **1**，**2**，**3**，**4** の中から一つ選び，その番号のマーク欄を塗りつぶしなさい。

(1) George decided to (　　　　) the job offer after hearing a bad rumor*¹ about the company.

    1 reach for　　　　**2** do without　　　　**3** turn down　　　　**4** focus on

(2) The boy is smart but Amy doesn't like him because he always (　　　　).

    1 hears from　　　　**2** calls off　　　　**3** shuts down　　　　**4** shows off

(3) What the man on the TV was saying was too difficult and didn't (　　　　) to me.

    1 take place　　　　**2** make sense　　　　**3** keep in mind　　　　**4** take it easy

(4) The students worked very hard to carry out their plans, but somehow everything (　　　　).

    1 got back　　　　**2** went wrong　　　　**3** showed up　　　　**4** got ready

(5) Kate had her birthday party at the restaurant. Her best friend Lucy (　　　　) late because she had just gotten back from a business trip.

    1 turned up　　　　**2** fell asleep　　　　**3** made a noise　　　　**4** put off

【注】 *1 rumor うわさ

(1)	(2)	(3)	(4)	(5)
① ② ③ ④	① ② ③ ④	① ② ③ ④	① ② ③ ④	① ② ③ ④

形容詞・副詞の働きをする熟語

08

【筆記1】形容詞・副詞の働きをする熟語，〈be ＋形容詞＋前置詞〉の熟語

文の中で形容詞や副詞の働きをする熟語について，よく出るものをおさえておきましょう。複数の単語の中の一部分が空所として出題されることもあるので，口に出してまるごと覚えてしまいましょう。

● 形容詞の働きをする熟語

Mike takes a walk every morning,
so he is in great shape.

マイクは毎朝散歩をしているのでとても体調がいい。　　形容詞（ここでは補語）の働き

at risk	危険にさらされて	in (great) shape	（とても）体調がよい
none of one's business	～には関係がない	out of order	故障中で
out of the question	問題外で	up to you	あなた次第で

It [That] is none of your business. 「君には関係ないよ」の形でよく使われる

It [That] is ～ の形で用いる

● 副詞の働きをする熟語

I can only do one thing at a time.

私は一度に1つのことしかできない。　　副詞の働き

all the time	ずっと，いつも	and so on	～など
as well	～も	at a time	一度に
before long	まもなく	by mistake	間違って
for a while	しばらくの間	for fun	楽しみのために
for sure	確かに	for the first time	初めて
on and on	続けて	on average	平均して
on purpose	わざと，故意に	on the way home	帰り道に
so far	今までのところ	upside down	逆さまに

よく出る〈be ＋形容詞＋前置詞〉の形の熟語もおさえましょう。

They are afraid of ghosts.

彼らはおばけを恐れている。

be absent from ～	～を欠席している	be afraid of ～	～を恐れている
be capable of ～ing	～することができる	be certain of ～	～を確信している
be free from ～	～から解放されている	be responsible for ～	～の責任がある
be sick [tired] of ～	～にうんざりしている	be similar to ～	～に似ている

やってみよう!

解答解説 ➡ 別冊 p.6 〜 7

（　　）に入れるのに最も適切なものを **1**，**2**，**3**，**4** の中から一つ選び，その番号のマーク欄を塗りつぶしなさい。

(1) Robert couldn't print out his documents because the printer was (　　　　).

　1 by mistake　　**2** for fun　　　　**3** so far　　　　**4** out of order

(2) My grandparents go to the gym and exercise every day to stay (　　　　).

　1 upside down　**2** as well　　　　**3** in shape　　　**4** at risk

(3) Yukari wanted to be (　　　　) the stress of her work, so she decided to quit the company.

　1 absent from　**2** free from　　　**3** afraid of　　　**4** similar to

(4) Julia is really hungry. She hopes the dinner will begin (　　　　).

　1 before long　　　　　　　　　**2** for sure
　3 at a time　　　　　　　　　　**4** for the first time

(5) Tom grew up in a quiet small town. When he moved to the city, he wasn't used to hearing[*1] the traffic noise (　　　　).

　1 on average　　**2** all the time　　**3** for a while　　**4** on purpose

【注】 *1 be used to 〜ing 「〜することに慣れている」

(1)	(2)	(3)	(4)	(5)
① ② ③ ④	① ② ③ ④	① ② ③ ④	① ② ③ ④	① ② ③ ④

次の (1) から (10) までの (　　) に入れるのに最も適切なものを **1**，**2**，**3**，**4** の中から一つ選び，その番号のマーク欄を塗りつぶしなさい。

(1) Tom is not good at keeping his room clean. His mother seems to be (　　) telling him to clean his room.

1 capable of 　**2** free from 　**3** tired of 　　**4** responsible for

(2) When Dave said he would call her, Nancy wasn't sure if he meant it. In the end, he (　　) and gave her a call.

1 kept his promise 　　　　**2** fell asleep
3 took a break 　　　　　　**4** took it easy

(3) As Shelly continued to waste money on expensive clothes and shoes, she has finally (　　) money.

1 suffered from 　　　　　**2** put off
3 reached for 　　　　　　**4** run out of

(4) Some students talked to Ms. Hill all (　　　), so she couldn't understand what they were saying. She asked students to raise their hands if they had questions.

1 so far 　　　**2** on purpose 　**3** for a while 　**4** at a time

(5) There were a lot of factories around that area. However, as the economy became worse, many of them (　　).

1 depended on 　**2** shut down 　　**3** showed off 　**4** turned off

(1)	(2)	(3)	(4)	(5)
① ② ③ ④	① ② ③ ④	① ② ③ ④	① ② ③ ④	① ② ③ ④

ここを見直し！　　Lesson 8　　Lesson 7　　Lesson 7　　Lesson 8　　Lesson 7

(6) The teacher tells us that our health will be (　　　) if we keep on eating junk food every day.

1 in public **2** out of order
3 at risk **4** out of the question

(7) (　　　) it was cold outside, some children playing in the park were wearing short-sleeved shirts and pants.

1 If **2** Once **3** Although **4** Unless

(8) (　　　) the weather forecast, it will snow heavily tomorrow. The trains and the buses might stop running.

1 In addition to **2** At the end of
3 According to **4** Instead of

(9) The employees weren't able to start their project because they were not (　　　) of how to proceed.

1 late **2** afraid **3** certain **4** alike

(10) Mr. White does shopping at the grocery store so (　　　) that every staff member knows him.

1 frequently **2** rarely **3** nearly **4** completely

(6)	(7)	(8)	(9)	(10)
① ② ③ ④	① ② ③ ④	① ② ③ ④	① ② ③ ④	① ② ③ ④
Lesson 8	Lesson 6	Lesson 6	Lesson 5・8	Lesson 5

過去や未来のある時までに完了する [した] ことを表す

♪ 09

現在完了・過去完了・未来完了，時制の一致，時や条件を表す副詞節内の時制

完了形は，ある時点での動作や状態が，それ以前とつながっていることを表します。3級までに出題される現在完了形は現在までの「完了」や「経験」，「継続」を表しますが，準2級では過去，未来を基準とするものもおさえましょう。

● 現在完了〈have ＋過去分詞〉 今の時点で完了していることを表す

I have already finished dinner.

私はすでに夕食を終えてしまった。

● 過去完了〈had ＋過去分詞〉 過去のある時点までに完了していたことを表す

I had finished dinner when he arrived.

彼が到着したとき私は夕食を終えていた。

We had been waiting for one hour.

私たちは1時間待ち続けていた。 過去のある時点まで動作がずっと継続していたことを表す

● 未来完了〈will have ＋過去分詞〉 未来のある時点までに完了しているであろうことを表す

The snow will have stopped by tomorrow.

明日までには雪がやんでしまっているだろう。

主節の動詞の時制に合わせて従属節の時制が変化するときと，しないときがあります。注意が必要なものを見ていきましょう。

● 時制の一致

I think / ↓主節　you are in London.（ロンドンにいると思う）従属節↓

ここが過去形だと英語ではここも過去形になる

I thought you were in London. あなたはロンドンにいると思った。
過去形　　　　　are の過去形

The radio said it would be windy today. ラジオでは今日は風が強くなるだろうと言っていた。
過去形　　will の過去形

● 時制の一致を受けない場合 不変の事実は時制の一致を受けず，現在形のまま

We learned at school that the earth is round. 私たちは学校で，地球は丸いと習った。
過去形　　　　　　　　　　　　　　現在形

● 時や条件を表す副詞節内の時制 時（when, after/before など）や条件（if など）を表す接続詞の後ろでは，未来のことも現在形のまま

She won't go out if it rains tomorrow. 明日雨が降ったら，彼女は出かけないだろう。
未来のこと　条件を表す接続詞　現在形

やってみよう！

解答解説 ➡ 別冊 p.8

（　　）に入れるのに最も適切なものを **1**，**2**，**3**，**4** の中から一つ選び，その番号のマーク欄を塗りつぶしなさい。

※文法の知識はすべての部分で基礎となる事柄ですが，筆記1と同じ短文穴埋め方式の形で理解を確認する問題となっています。

(1) When Ann arrived at the station, the train (　　　　). She had to wait another 10 minutes.

1 leaves 　　　　**2** left 　　　　**3** had left 　　　　**4** will have left

(2) By the time Samantha graduates from junior high school, she will (　　　) Chinese for five years.

1 studied 　　　　**2** have studied 　　**3** be studying 　　**4** had studied

(3) *A:* Hello, Amy. Do you want to go to the movies this afternoon?
　　B: Sorry I can't go. I (　　　) my report yet.

1 don't write 　　　　　　　　**2** hadn't written

3 haven't written 　　　　　　**4** won't have written

(4) *A:* Hi, this is Mark. May I speak to Maria?
　　B: I'm sorry, she is taking a piano lesson now. She will call you when she
　　（　　　）.

1 finishes 　　　　**2** finished 　　　**3** had finished 　　**4** will finish

(5) Nora started working a part-time job. She said that she (　　　　) happy with her job.

1 is 　　　　　　**2** was 　　　　　　**3** be 　　　　　　**4** will be

(1)	(2)	(3)	(4)	(5)
① ② ③ ④	① ② ③ ④	① ② ③ ④	① ② ③ ④	① ② ③ ④

「～すること」「～したこと」を表す to ～のさまざまな使い方

🎵 10

不定詞の否定形・受け身，完了不定詞，不定詞の意味上の主語

不定詞の基本形は〈to ＋動詞の原形〉で表します。この形を to 不定詞といい，「～すること」「～するために」「～するための」などの意味を表します。準2級では，「～しないこと」という否定形や「～されること」という受け身の表し方をおさえましょう。

● **不定詞の否定形**　　(not/never を直前に置いて否定)

Tom decided <u>not</u> to go to the party.　トムはそのパーティーに行かないことに決めた。
　　　　　　　〈not ＋ to 不定詞〉＝「～しないこと」

● **不定詞の受け身**　　　　　　　　　(to の後を受け身の形にする)

My cat doesn't like to <u>be touched</u>.　私のネコは触られることが好きではない。
　　　　　　　〈to be ＋過去分詞〉＝「～されること」

---

to 不定詞の to の後に〈have ＋過去分詞〉がくる形を**完了不定詞**といい，主文の動詞の時制よりも前に「～した」ということを表します。

He seems to have eaten my cake.　彼は私のケーキを食べてしまったようだ。
　　現在形　　　完了不定詞

〈seem(s) ＋ to have ＋過去分詞〉で「～したように思われる」の意味

to have eaten　　　seem(s)（～のように思われる）

過去（seems より前）　　　　　現在

✔ 〈seem(s)〔appear(s)〕＋ to 不定詞〉は「～するように思われる」の意味を表します。

He seems to be happy with his new life.　彼は新しい生活に満足しているようだ。

〈It is ＋ 形容詞 ＋ to 不定詞〉の文で不定詞が表す動作の「主語」を示す場合，不定詞の前に〈for ＋人〔物〕〉を置きます。これを**意味上の主語**といいますが，<u>ある人の行為や性質の判断を述べるときは〈of ＋人〉で表します</u>。

It is important for us to understand each other.
　　　　　　　　　　　└─「（人が）～することは」　　私たちがお互いに理解し合うことが大切だ。

（意味上の主語）

It was nice of you to help me.　私を手伝ってくれるとは，あなたは親切でした。
　　　　　　　　　　　└─「（人が）～するとは」

人の性質を表す形容詞
kind〔nice〕「親切な」　careless「不注意な」　foolish〔stupid〕「ばかな」　wise「賢い」　polite「礼儀正しい」

やってみよう!

解答解説 ➡ 別冊 p.8 〜 9

（　）に入れるのに最も適切なものを **1**，**2**，**3**，**4** の中から一つ選び，その番号のマーク欄を
塗りつぶしなさい。

※文法の知識はすべての部分で基礎となる事柄ですが，筆記1と同じ短文穴埋め方式の形で理解を確認する問題となっています。

(1) Kevin made fun of Emma and she started crying. He promised (　　　　) it
again.

    1 not to do   **2** to do not   **3** to not do   **4** not doing

(2) Monica went to bed very late last night, so it was difficult for her (　　　　)
awake during class.

    1 stay   **2** to stay   **3** staying   **4** stayed

(3) Tim was in a hurry and forgot to lock the door of his car. It was very
careless (　　　　) him to do such a thing.

    1 to   **2** for   **3** with   **4** of

(4) *A:* Your voice sounds different today. Is something wrong?
B: I seem to (　　　　) a bad cold last night.

    1 have caught   **2** catch   **3** caught   **4** had caught

(5) The old man is said to (　　　　) a popular actor when he was young.

    1 been   **2** be   **3** was   **4** have been

(1)	(2)	(3)	(4)	(5)
① ② ③ ④	① ② ③ ④	① ② ③ ④	① ② ③ ④	① ② ③ ④

「〜が…するのを見る」
「〜に…してもらう」を表す

🎵 11

原形不定詞，不定詞の重要表現，独立不定詞

to をつけず動詞の原形だけの不定詞を原形不定詞といいます。see, hear などの知覚動詞や make, have（〜に…をしてもらう［させる］）などの使役動詞の後には原形不定詞を使います。

● **知覚動詞** (see, feel, hear など)

I **saw** Mr. Watanabe **laugh**.　私はワタナベさんが笑うのを見た。
　知覚動詞　　　　　O　　　　　原形不定詞 ➡「Oが〜するのを見る」

● **使役動詞** (have, let, make)

I will **have** my father **drive** us to the station.　父に私たちを駅まで車で送ってもらうつもりだ。
　　　　使役動詞　　　O　　　　原形不定詞 ➡「Oに〜してもらう」

Let me **use** the computer.　私にコンピュータを使わせて。
使役動詞　O　原形不定詞 ➡「Oが〜することを許す」

She **made** me **wait** for two hours.　彼女は私を2時間待たせた。
　　使役動詞　　O　　原形不定詞 ➡「Oに（強制的に）〜させる」

その他，不定詞（= to ＋動詞の原形）を含む表現には重要なものがあります。準2級頻出のものを覚えましょう。

This refrigerator is not big **enough to** hold everything we buy.
　　　　　　　　　　　　　　十分大きい　　入れるのに
この冷蔵庫は私たちが買うもの全部を入れるのに十分な大きさではない。

This box is **too** heavy **to** carry.　この箱は運ぶには重すぎる（あまりに重すぎて運べない）。
　　　　　　重すぎる　　運ぶには

We practiced harder **in order to** win the match.
　　　　　　　　　　　　「〜するために」　　不定詞の「目的」の意味を明確に表す
その試合に勝つために，私たちはもっと一生懸命練習した。

独立不定詞は文の要素から独立して文全体を修飾します。慣用表現として覚えましょう。

To tell the truth, I don't agree with you.　本当のことを言うと，私はあなたに賛成ではない。
　　　　文全体を修飾

独立不定詞の慣用表現
needless to say「言うまでもなく」　**so to speak**「言わば」　**to be frank with you**「率直に言って」
to be honest「正直に言うと」　**to begin with**「初めに」　**to make matters worse**「さらに悪いことに」
to tell the truth「本当のことを言うと」

やってみよう!

解答解説 ➡ 別冊 p.9

（　　）に入れるのに最も適切なものを **1**，**2**，**3**，**4** の中から一つ選び，その番号のマーク欄を塗りつぶしなさい。

※文法の知識はすべての部分で基礎となる事柄ですが，筆記1と同じ短文穴埋め方式の形で理解を確認する問題となっています。

(1) Karen was waiting for the traffic light to change. As she began to cross the street, she heard someone (　　　　) her.

　　1 call　　　　　**2** to call　　　　　**3** called　　　　　**4** have called

(2) Cathy's bike broke down this morning. She had her father (　　　　) it.

　　1 repairing　　**2** repair　　　　**3** to repair　　　　**4** repaired

(3) Paul was absent from school and didn't understand his math homework. Chelsea was kind (　　　) help him with it.

　　1 enough　　　**2** enough to　　　**3** to　　　　　**4** too

(4) Dylan has a school field trip tomorrow and he is too excited (　　　　) now.

　　1 to sleep　　　**2** sleep　　　　**3** sleeping　　　**4** have slept

(5) Tom is always reading. He is, so (　　　　), a walking dictionary.

　　1 speak　　　　**2** to speak　　　**3** speaking　　　**4** spoken

(1)	(2)	(3)	(4)	(5)
① ② ③ ④	① ② ③ ④	① ② ③ ④	① ② ③ ④	① ② ③ ④

「～すること」を表す ～ingのさまざまな使い方 🎵 12

動名詞の働き，動名詞・不定詞のみを目的語にとる動詞，動名詞の慣用表現

動名詞（～ing）は「～する［である］こと」という意味を表し，文の主語や補語，目的語，前置詞の目的語になります。動名詞の主語と文全体の主語が異なるときは，動名詞の前に「意味上の主語」を置いて表します。代名詞の場合は所有格または目的格になります。

I'm thinking about studying abroad. 私は留学することを考えている。
前置詞 ／「海外で勉強すること」（＝前置詞の目的語）
前置詞の後ろに不定詞は置けない

Do you mind my [me] sitting here? 私がここに座ってもかまいませんか。
所有格か目的格「私がここに座ること」（＝目的語）
意味上の主語は動名詞の前に置く

動名詞と不定詞（名詞的用法）は動詞の目的語となりますが，動名詞，不定詞のどちらかしかとれない動詞や，どちらをとるかで意味が変わる動詞があるので注意しましょう。

● **動名詞のみを目的語にとる動詞**

Do you enjoy meeting [×to meet] new people? 黄色の枠の中の動詞も覚えておこう！
あなたは新しい人たちに会うのを楽しいと感じますか。（≒新しい人たちに会うのが好きですか）

他に，**avoid**「避ける」，**finish**「終える」，**deny**「否定する」，**mind**「嫌がる」，**suggest**「提案する」など。

● **不定詞のみを目的語にとる動詞**

We decided to meet [×meeting] again the next morning.
私たちは翌日の朝，また会うことに決めた。

他に，**want**「したいと思う」，**manage**「どうにか～する」，**refuse**「拒む」，**plan**「予定する」など。

◆ 目的語が動名詞か不定詞かで意味が変わる動詞 ◆

動詞	＋～ing	＋ to *do*	動詞	＋～ing	＋ to *do*
remember	～したことを覚えている	～するのを覚えている	stop	～するのをやめる	～するために立ち止まる
forget	～したことを忘れる	～し忘れる	regret	～したことを後悔する	残念ながら～する

動名詞を使った慣用表現も覚えておきましょう。

I look forward to meeting Bob tonight. 私は今夜ボブに会うのを楽しみにしている。

動名詞を使った慣用表現
can't help ～ing「～せずにいられない」 **feel like ～ing**「～したい気分だ」
it goes without saying that ...「…であることはいうまでもない」 **it is no use ～ing**「～しても無駄だ」
look forward to ～ing「～するのを楽しみにしている」

やってみよう!

解答解説 ➡ 別冊 p.10

（　）に入れるのに最も適切なものを **1**，**2**，**3**，**4** の中から一つ選び，その番号のマーク欄を塗りつぶしなさい。

※文法の知識はすべての部分で基礎となる事柄ですが，筆記 1 と同じ短文穴埋め方式の形で理解を確認する問題となっています。

(1) Tim answered my question without (　　　) up from his smartphone.

1 look   **2** looked   **3** will look   **4** looking

(2) *A*: What are your plans after graduating from high school?
B: Well, I'm interested in world culture so I want (　　　) abroad.

1 study   **2** studying   **3** will study   **4** to study

(3) Alan and Joe were having lunch in the café when the fire alarm*1 rang.
They stopped (　　　) to listen to the announcement.

1 eating   **2** to eat   **3** to have eaten   **4** eaten

(4) *A*: I don't know why our teacher gives us so much homework every day!
B: It's no use (　　　). We just have to do it.

1 complaining   **2** to complain   **3** complained   **4** complain

(5) Holly wrote a letter to her friend in Singapore. She looks forward to
(　　　) a reply.

1 receive   **2** receiving   **3** received   **4** to receive

【注】 *1 fire alarm 火災報知器

(1)	(2)	(3)	(4)	(5)
① ② ③ ④	① ② ③ ④	① ② ③ ④	① ② ③ ④	① ② ③ ④

単語　熟語　文法　会話表現　長文読解　ライティング　リスニング

43

13 「〜している［された］人・物」を表す

現在分詞と過去分詞，動詞の補語となる分詞，分詞構文

分詞には現在分詞と過去分詞があります。分詞は動詞の性質を持ちながら，他の品詞の働きをします。分詞句が名詞を修飾する，形容詞的な働きをする例を見てみましょう。

● **現在分詞** 進行中の動作を表す「〜する／〜している」

the girl playing the piano ピアノを弾いている女の子
名詞 ⤴ 現在分詞

● **過去分詞** 受動を表す「〜される」

a novel written by a famous writer 有名な作家によって書かれた小説
名詞 ⤴ 過去分詞

✓ 分詞１語のときは，分詞を名詞の前に置きます。

boiling water 「（沸騰している水⇒）熱湯」　**boiled egg** 「（ゆでられた卵⇒）ゆで卵」

分詞は，keep などの動詞の補語や知覚動詞（hear, see, feel など），使役動詞（have など）の補語として使うこともあります。

S　V　　　C（補語）
I kept waiting for him. 私は彼を待ち続けた。
〜のままである　現在分詞 ➡「〜し続ける」

I saw him jogging this morning. 私は今朝彼がジョギングをしているのを見た。
知覚動詞　O　　　現在分詞 ➡「Oが〜しているのを見る」

I had my hair cut last month. 私は先月髪を切ってもらった。
使役動詞　　　O　　過去分詞 ➡「Oを〜された状態にしてもらう」

分詞で始まる語句が主文に説明を加え，副詞的な働きをすることがあります。これを**分詞構文**といいます。分詞構文は「同時に行う動作（〜しながら，〜している状態で）」「理由（〜なので）」などの意味を表します。分詞構文の主語は文の主語と一致します。

He is in the living room, *reading a book*. 彼は本を読みながら，居間にいる。
分詞構文　*(=He is in the living room and he is reading a book./*
While he is in the living room, he is reading a book.)

***Written in easy English*, the book is read by many students.**
分詞構文　*(=The book is read by many students because it is written in easy English.)*
やさしい英語で書かれているので，その本は多くの生徒に読まれている。

分詞構文を使った慣用表現
Generally speaking 〜「一般的に言って」　**Considering** 〜「〜を考慮に入れると」
Judging from 〜「〜から判断すると」　**Frankly speaking**「率直に言って」　**Compared to** 〜「〜と比べれば」

やってみよう！

解答解説 ➡ 別冊 p.10 ～ 11

（　　）に入れるのに最も適切なものを **1**，**2**，**3**，**4** の中から一つ選び，その番号のマーク欄を塗りつぶしなさい。

※文法の知識はすべての部分で基礎となる事柄ですが，筆記1と同じ短文穴埋め方式の形で理解を確認する問題となっています。

(1)　*A*: How was the movie, Laura?

　　　B: It was great. There is a (　　　　) ending. I recommend that you watch it!

　　1　have surprised　**2**　surprised　　　**3**　surprising　　**4**　to surprise

(2)　Sheila brought some sweets (　　　　) from France to Monica's party. They were all delicious.

　　1　imports　　　　**2**　imported　　　**3**　to import　　　**4**　importing

(3)　(　　　　) from a small village, Fred was excited to see all the people, buildings and lights in New York.

　　1　Coming　　　**2**　To come　　　**3**　Came　　　　**4**　Have come

(4)　As soon as they reached the sea, Tim and his dog started to run with joy. His parents told them to stop, but they kept (　　　　).

　　1　run　　　　　**2**　to run　　　　**3**　running　　　**4**　ran

(5)　(　　　　) in bright colors, the high school cultural festival poster stands out[*1].

　　1　Paint　　　　**2**　Painting　　　**3**　To paint　　　**4**　Painted

【注】 *1 stand out 目立つ

(1)	(2)	(3)	(4)	(5)
① ② ③ ④	① ② ③ ④	① ② ③ ④	① ② ③ ④	① ② ③ ④

単熟語　文法　会話表現　長文読解　ライティング　リスニング

次の (1) から (10) までの (　　　) に入れるのに最も適切なものを **1**, **2**, **3**, **4** の中から一つ選び，その番号のマーク欄を塗りつぶしなさい。

(1) Ms. Adams told Bill that his painting was great. It was the first time for him (　　　) by her.

1 praising   **2** to praise
3 to be praised   **4** to have praised

(2) When Jill was 4 years old, her family visited Hawaii. Although she was small at that time, she remembers (　　　) in the sea.

1 swim   **2** swimming
3 to swim   **4** to be swimming

(3) Fred's mother was very proud of him. She thought it was very kind of him (　　　) the old lady with her luggage.

1 helps   **2** helped   **3** helping   **4** to help

(4) Mrs. Stewart reads a picture book to the class every Monday. Today she read a picture book (　　　) by the children's favorite artist.

1 to draw   **2** drawing   **3** drawn   **4** to drawing

(5) Marlon's mother made him (　　　) the piano before going out to play with his friends.

1 practice   **2** to practice   **3** practiced   **4** practicing

(1)	(2)	(3)	(4)	(5)
① ② ③ ④	① ② ③ ④	① ② ③ ④	① ② ③ ④	① ② ③ ④

ここを見直し！ ▶   Lesson 10   Lesson 10・12   Lesson 10   Lesson 13   Lesson 11

(6) When Brian did sightseeing in the town, he got lost. (   ), it got dark and started raining.

1 So to speak   **2** To be honest

3 To make matters worse   **4** Needless to say

(7) Last Saturday Harold and his father went fishing in the lake. (   ) quietly, they waited to catch a fish.

1 Sitting   **2** To sit   **3** Sit   **4** Sat

(8) It was very hot yesterday, and Joe took care of his garden for over an hour. Today he is very tired and doesn't feel like (   ) anything.

1 do   **2** doing   **3** done   **4** to be done

(9) Derek's class will go on a camping trip tomorrow if it (   ) rain. He hopes the weather will be nice because he's really looking forward to the trip.

1 doesn't   **2** won't   **3** isn't   **4** didn't

(10) Tim (   ) video games for over two hours when his mother got home. She was angry, and scolded him.

1 will be playing   **2** have been playing

3 will have played   **4** had been playing

(6)	(7)	(8)	(9)	(10)
① ② ③ ④	① ② ③ ④	① ② ③ ④	① ② ③ ④	① ② ③ ④
Lesson 11	Lesson 13	Lesson 12	Lesson 9	Lesson 9

名詞を後ろから文で修飾する

🎵 14

関係代名詞の役割，制限用法・非制限用法，関係代名詞 what

前にある名詞（先行詞）を後ろから文で修飾するときに使う関係代名詞は，先行詞が人か人以外かと，修飾する文（関係詞節）での働きで使い分けます。3 級でも出題される主語の働きをする主格，目的語の働きをする目的格に加え，〈whose ＋名詞〉の所有格の形を覚えましょう。

● **所有格の関係代名詞　先行詞＝人 / 人以外　whose＋名詞 (+S)+V**

I know a girl whose mother is a politician.　私は母親が政治家である女の子を知っている。

先行詞 ↑　〈whose ＋ 名詞〉で所有の意味（＝ the girl's mother）を表す

◆ **関係代名詞の使い分け** ◆

先行詞の種類	主格（主語）	目的格（目的語）	所有格
人	who/that	who(m)/that	whose
人以外（もの・動物）	which/that	which/that	

先行詞が人でも人以外でも whose を使う

関係代名詞には，今まで見たような先行詞となる名詞を限定的に説明する制限用法と，先行詞となる名詞の後ろにカンマをつけて補足的に説明する非制限用法があります。

● **制限用法**　先行詞を限定して説明する

I was talking to a girl who is from Russia.

私はロシア出身の女の子と話をしていた。

● **非制限用法**　先行詞について補足的な説明を加える

非制限用法では，that は使えないので注意！

I was talking to a girl, who suddenly started to cry.

私はある女の子と話をしていたのだが，彼女は突然泣き出した。

Sofia's watch, which her mother gave her, is broken.

ソフィアの腕時計は，彼女の母がくれたものだが，壊れている。

関係代名詞 what は「～する［である］もの［こと］」（＝ the thing(s) which [that]）という意味を表します。それ自体が「もの［こと］」という意味を含んでいるため，先行詞なしで使われます。

Nobody could hear what the teacher was saying.

= the thing which　　誰も先生の言っていることが聞こえなかった。

What the man gave me was a strange toy.

= the thing which　　男性が私にくれたものは奇妙なおもちゃだった。

> **関係代名詞whatを使った慣用表現**
> **what is worse**「さらに悪いことには」　**what is called [what we call]**「いわゆる」

やってみよう！

解答解説 ➡ 別冊 p.12

（　　）に入れるのに最も適切なものを **1**，**2**，**3**，**4** の中から一つ選び，その番号のマーク欄を塗りつぶしなさい。

※文法の知識はすべての部分で基礎となる事柄ですが，筆記 1 と同じ短文穴埋め方式の形で理解を確認する問題となっています。

(1) *A:* Excuse me, how do I get to the lake?
　　B: You can take this map, (　　　　) shows the way.
　　1 which　　　　**2** what　　　　　**3** who　　　　　**4** whose

(2) There are some students in Fred's class (　　　　) faces I recognized.
　　1 which　　　　**2** that　　　　　**3** who　　　　　**4** whose

(3) Tim doesn't have many friends. He often lies about things so nobody
　　believes (　　　　) he says.
　　1 which　　　　**2** what　　　　　**3** who　　　　　**4** whose

(4) Emma's father, (　　　　) is a chef, sometimes makes chicken curry. All of
　　her family members love it.
　　1 which　　　　**2** what　　　　　**3** who　　　　　**4** whose

(5) She got angry at the boy (　　　　) smartphone rang during her class.
　　1 which　　　　**2** what　　　　　**3** who　　　　　**4** whose

(1)	(2)	(3)	(4)	(5)
① ② ③ ④	① ② ③ ④	① ② ③ ④	① ② ③ ④	① ② ③ ④

場所・時・理由・方法を表す 名詞を後ろから文で修飾する 🎵 15

前置詞＋関係詞，関係副詞，複合関係代名詞・複合関係副詞

関係代名詞 who(m) および which の前に前置詞を置くことがあります。この〈前置詞＋関係代名詞〉の形では，関係代名詞は前置詞の目的語の働きをします。この形では that は使えません。

Anne Sullivan is the woman about who(m) the teacher talked.

アン・サリバンは，先生が話していた女性だ。　　　= who(m) the teacher talked about

Water is a very precious thing without which we cannot live.

水は，なくては生きていけない非常に大切なものだ。　　= which [that] we cannot live without

---

関係副詞 where，when，why，how は場所や時，理由，方法を表す名詞を修飾する関係詞としての働きを持ち，関係詞節の中で副詞（修飾語）の働きをします。

I visited the house where my parents lived. 私は両親が住んでいた家を訪ねた。

先行詞（場所）　=in which

> 関係副詞は〈前置詞＋関係代名詞〉に言い換えられる

The day when we meet again will come. 私たちが再び会う日が来るだろう。

先行詞（時）　=on which

That is (the reason) why I had my hair cut. そういうわけで，私は髪の毛を切った。

> the reason は省略できる

=for which　　　（それがなぜ私が髪を切ったかという理由です）

This is how I passed the entrance exam. このようにして，私は入学試験に合格した。

≒This is the way I passed the entrance exams.　（これが私が入学試験に合格した方法です）

> how は先行詞なし → how の代わりに the way も使えるが，the way how とは言えない

関係代名詞や関係副詞に -ever がついたものを複合関係代名詞，複合関係副詞と呼びます。先行詞を持たず，それ自体で名詞や副詞の働きをします。

● 複合関係代名詞 (whoever, whichever, whatever)

They can eat whatever they want. 彼らは食べたいものは何でも食べることができる。

= anything that　　> 名詞節を作る

He was willing to help whoever was in need. 彼は困っている人は誰でも喜んで助けた。

=anybody who [that]

● 複合関係副詞 (wherever, whenever)　> 副詞節を作る

You can contact me whenever you like.

= at any time when　　あなたはいつでも好きなときに私に連絡してよい。

✓ 複合関係代名詞・複合関係副詞は「〜しようとも」という〈譲歩〉を表すこともあります。

Wherever she went, the baby followed her.

= No matter where　　　　彼女がどこへ行こうとも，赤ん坊はついていった。

やってみよう！

解答解説 ➡ 別冊 p.12 〜 13

（　　）に入れるのに最も適切なものを **1**，**2**，**3**，**4** の中から一つ選び，その番号のマーク欄を塗りつぶしなさい。

※文法の知識はすべての部分で基礎となる事柄ですが，筆記1と同じ短文穴埋め方式の形で理解を確認する問題となっています。

(1) I don't enjoy the cold winter months. I can't wait till spring (　　　　) the weather is nice and warm.

1 when **2** where **3** how **4** why

(2) Lisa returned to her hometown after 10 years. She went to the café (　　　) she often went.

1 when **2** where **3** how **4** why

(3) Tom had plans to go out with one of his friends. His friend was at his part-time job, so Tom waited for him at the store at (　　　) he works.

1 who **2** what **3** which **4** why

(4) *A*: The desserts all look so delicious!
B: Help yourself to (　　　) you want.

1 whatever **2** wherever **3** whoever **4** whenever

(5) Bob found a good restaurant in Ginza. He goes there (　　　) he is in Tokyo.

1 whoever **2** whatever **3** whichever **4** whenever

(1)	(2)	(3)	(4)	(5)
① ② ③ ④	① ② ③ ④	① ② ③ ④	① ② ③ ④	① ② ③ ④

「もし〜なら［だったら］なあ」と現実と異なることを表す

♪ 16

仮定法過去・仮定法過去完了

仮定法は，現実とは異なる仮定や想像を表すときに使います。「もし（今）〜なら…のに」と現在の事実と反することを仮定して述べるときは「<u>仮定法過去</u>」といい，**現在のことでも過去形を使います。**

---

if節 / 主節

If I lived near the sea, I would go swimming every day.

If＋S＋動詞の過去形 ／ S＋〈would＋動詞の原形〉

もし私が海の近くに住んでいるなら，毎日泳ぎに行くのに。
（＝実際は海の近くに住んでいないので，毎日泳ぎに行っていない）

> 「仮定法過去」は現在のことを過去形で表す

> If 節が be 動詞の場合は主語にかかわらず were を用いるのがふつう

If I were you, I would not go there.

過去形 ／ S＋〈would＋動詞の原形〉

もし私があなたなら（＝実際は私はあなたではない），そこへは行かないだろうに。

✔ 主節の助動詞は意味に応じて，could「〜できる」や might「〜かもしれない」（確信度が低い）も使えます。

「もし（あの時）〜だったら，…したのに」と，<u>過去の事実と反することを仮定して述べるときは「仮定法過去完了」といい，**過去のことでも過去完了形を使います。**</u>

---

if節 / 主節

If it had been sunny yesterday, I would have gone fishing.

If＋S＋動詞の過去完了形 ／ S＋〈would＋have＋過去分詞〉

もし昨日晴れていたら，釣りに行っただろう。
（＝実際は晴れていなかったので，釣りに行かなかった）

> 「仮定法過去完了」は過去のことを過去完了形で表す

▲ 過去　　　　　▲ 現在

「もし（あの時）〜だったら，（今は）…だろうに」と，<u>過去の事実に反することを仮定して，現実とは異なる今の状況を述べるときは，**if 節を仮定法過去完了，主節を仮定法過去**にします。</u>

---

if節 / 主節

If we had accepted the offer, we would be in Okinawa now.

If＋S＋動詞の過去完了形 ／ S＋〈would＋動詞の原形〉
仮定法過去完了⇒過去の事実に反する ／ 仮定法過去⇒現在の事実に反する

もしオファーを受け入れていたら，私たちは今沖縄にいるだろう。
（＝実際はオファーを受け入れなかったので，今沖縄にいない）

やってみよう！

解答解説 ➡ 別冊 p.13

（　）に入れるのに最も適切なものを **1**，**2**，**3**，**4** の中から一つ選び，その番号のマーク欄を塗りつぶしなさい。

※文法の知識はすべての部分で基礎となる事柄ですが，筆記1と同じ短文穴埋め方式の形で理解を確認する問題となっています。

(1) Betty has been riding that bike for five years now. If she had some money, she (　　　) a new red one.

   1 will buy   **2** would buy   **3** would buying   **4** had bought

(2) Eric didn't study much before his exam, so he failed in it. If he had not been so lazy, he could (　　　) it.

   1 pass   **2** passing   **3** be passed   **4** have passed

(3) Jenny's mother dreams of visiting Paris one day. If Jenny (　　　) rich, she would take her there.

   1 wasn't   **2** were   **3** wouldn't be   **4** had been

(4) Martin didn't study hard in high school. If he (　　　) studied harder, he could have gone to the university.

   1 has   **2** has been   **3** had   **4** were

(5) If Takashi (　　　) breakfast, he would not be hungry now.

   1 have   **2** has had   **3** had had   **4** has been

(1)	(2)	(3)	(4)	(5)
① ② ③ ④	① ② ③ ④	① ② ③ ④	① ② ③ ④	① ② ③ ④

仮定法を使って願望や比喩を表す

🎵 17

ここでは if 節を伴わない仮定法の形，仮定法を含む重要表現を見ていきましょう。

● 「～ならいいのに [だったらよかったのに]」と事実に反する願望を表す表現

I wish I were old enough to drive a car. 車の運転ができる年齢ならなあ。

「～ならいいのになあ」▶ 仮定法過去⇒現在の事実に反する願望

I wish I had recorded the TV program. そのテレビ番組を録画していたらなあ。

「～だったらよかったのになあ」▶ 仮定法過去完了⇒過去の事実に反する後悔

● 「～でさえあればいいのに [よかったのに]」と事実に反する願望を表す表現

If only he had been with us then. あの時彼が私たちと一緒にいさえすればなあ。

「～だったらよかったのになあ」▶ 仮定法過去完了⇒過去の事実に反する強い願望

● 「まるで～である [あった] かのように」と事実と異なるたとえを述べる表現

She dances as if she were a robot. 彼女はまるでロボットであるかのように踊る。

「まるで～であるかのように」▶ 仮定法過去⇒ 現在の事実に反するたとえ

He talked as if he had seen the accident. 彼はまるでその事故を見たかのように話した。

「まるで～であったかのように」▶ 仮定法過去完了⇒過去の事実に反するたとえ

---

if を使わずに if 節のように仮定の意味を表す仮定法の文もあります。

Without [But for] waste, life would be boring. 無駄がなければ人生は退屈だろう。

「～がなければ」 仮定法過去

With a little more money, he could have bought a new bike.

「～があれば」 仮定法過去完了

もう少しお金があったら，彼は新しい自転車を買えたのだが。

There was nobody in the park.
Otherwise we couldn't have gotten enough practice.

「そうでなければ～」 仮定法過去完了

公園には誰もいなかった。そうでなければ（公園に誰かいたら）私たちは十分練習できなかっただろう。

仮定法を使うことで「もし可能であれば～」という遠回しな表現になり，依頼や許可を求める丁寧な表現を作ることができます。会話でもよく使われるので覚えておきましょう。

I wonder if you could help us. あなたに手伝っていただけないかと思っているのですが。

「～していただけるでしょうか」

I would appreciate it if you could give me some advice.

「～していただけるとありがたいのですが」 助言をいただけるとありがたいのですが。

やってみよう！

解答解説 ➡ 別冊 p.13 ～ 14

（　　）に入れるのに最も適切なものを **1**，**2**，**3**，**4** の中から一つ選び，その番号のマーク欄を
塗りつぶしなさい。

※文法の知識はすべての部分で基礎となる事柄ですが，筆記１と同じ短文穴埋め方式の形で理解を確認する問題となっています。

(1) I don't like carrying heavy things from the supermarket to my house. I wish
　　 I (　　　　) a car.

　　 1 had　　　　　　**2** has　　　　　　**3** have　　　　　　**4** having

(2) Megan has three brothers and she behaves as if she (　　　　) also a boy.

　　 1 is　　　　　　　**2** were　　　　　**3** could be　　　　**4** will be

(3) *A*: Our project was a success!
　　 B: Yes, it was. But (　　　　) your help, we couldn't have done it.

　　 1 without　　　　**2** unless　　　　**3** with　　　　　　**4** as if

(4) Paula's father followed his doctor's advice and started jogging. (　　　　) he
　　 couldn't have lost weight.

　　 1 I wish　　　　　**2** If　　　　　　**3** Otherwise　　　**4** If only

(5) *A*: Excuse me, I wonder if you (　　　　　) the window. I'm feeling a little
　　 cold.
　　 B: No problem.

　　 1 will be closing　　　　　　　　**2** would have closed
　　 3 could close　　　　　　　　　　**4** could have closed

(1)	(2)	(3)	(4)	(5)
① ② ③ ④	① ② ③ ④	① ② ③ ④	① ② ③ ④	① ② ③ ④

2つ以上のものを比べて「〜より …だ」「最も…だ」を表す

🎵 18

比較級・原級で最上級を表す表現，原級・比較級・最上級の慣用表現

比較の表現では形容詞・副詞の原級，比較級，最上級の３つがあります。比較には基本形の他に，さまざまな形や慣用表現があるので，準２級でよく出る重要なものを確認しておきましょう。
最上級「最も〜だ」は，比較級や原級を使ってほぼ同じ内容を表すことができます。

最上級　**Lake Biwa is the largest lake in Japan.**　琵琶湖は日本で一番大きい湖だ。

比較級　**Lake Biwa is larger than any other lake in Japan.**
　　　　　　　　　　　より大きい　　　他のどの（〜より）　　　　　　⇒最も大きい
　　　　　　　　　　　　　　　　　　　　　　　　　　琵琶湖は日本の他のどの湖より大きい。

No (other) lake in Japan is larger than Lake Biwa.
他のどの〜も…ない　　　　　　　　　　　　　　　　　より大きい　　　⇒最も大きい

原　級　**No other lake in Japan is as large as Lake Biwa.**
他のどの〜も…ない　　　　　　　　　　　　〜ほど大きい　　　⇒最も大きい
　　　　　　　　　　　　　　　　日本の他のどの湖も琵琶湖ほど大きくない。

原級を使って，倍数を表したり，「できるだけ〜」という意味を表すことができます。

India has about 10 times as many people as Japan.
　　　　　　　　　　　〈―times as … as 〜〉＝「〜の―倍…だ」　　　インドの人口は日本のおよそ10倍だ。

twice「２倍の」　**half**「半分の」　**one-third**「３分の１の」　**two-thirds**「３分の２の」

You should reply to her as soon as possible.
　　　　　　　　　　　　　　　　　「できるだけ〜」　　　あなたはできるだけ早く彼女に返事をすべきだ。

その他，準２級で重要な比較級・最上級を使った以下の慣用表現を覚えておきましょう。

The story became funnier and funnier.　物語はますますおもしろくなってきた。
　　　　　　　　〈比較級＋ and ＋比較級〉＝「ますます…」

The deeper you go, the darker it becomes.　深く潜れば潜るほど暗くなる。
〈the ＋比較級,　　　　　　the ＋比較級〉＝「〜すればするほど…」

She pointed to the larger of the two photos.　彼女は２枚の写真のうち大きな方を指さした。
　　　　　　　　〈the ＋比較級＋ of the two〉＝「２つのうち，より〜な方」

We have spent no less than 7 years on this research.　私たちはこの研究に7年も費やした。
　　　　　　　　「〜も」　⇔ no more than 〜（たった〜）

They waited for not less than 2 hours.　彼らは少なくとも２時間待った。
　　　　　　　　「少なくとも」　⇔ not more than 〜（多くても）

There were about 100 people at (the) most.　そこにはせいぜい100人ほどの人がいた。
　　　　　　　　「せいぜい，多くても」　⇔ at least（少なくとも）

やってみよう！

解答解説 ➡ 別冊 p.14

（　　）に入れるのに最も適切なものを **1**，**2**，**3**，**4** の中から一つ選び，その番号のマーク欄を塗りつぶしなさい。

※文法の知識はすべての部分で基礎となる事柄ですが，筆記 1 と同じ短文穴埋め方式の形で理解を確認する問題となっています。

(1) Eric gets the best grades in his class. No other student is (　　　　) than he.
　　1 smart　　　　　　**2** as smart　　　　**3** smarter　　　　**4** smartest

(2) Fred has collected twice as many baseball cards (　　　　) his younger brother.
　　1 as　　　　　　　**2** than　　　　　　**3** more　　　　　　**4** for

(3) The Williams went to the pet shop to look at puppies. They decided to take home the (　　　　) of the two.
　　1 smaller　　　　　**2** smallest　　　　**3** more smaller　　**4** most smallest

(4) Kim woke up late this morning. She had to run as (　　　　) possible in order to catch the train.
　　1 fast　　　　　　　**2** faster as　　　　**3** fast as　　　　**4** the fastest

(5) Bob will be flying to Scotland tomorrow. He has to check in (　　　　) two hours before the flight.
　　1 no more than　　**2** at most　　　　**3** as many as　　　**4** not less than

(1)	(2)	(3)	(4)	(5)
① ② ③ ④	① ② ③ ④	① ② ③ ④	① ② ③ ④	① ② ③ ④

単熟語

文法

会話表現

長文読解

ライティング

リスニング

14~18 チェックテスト

解答解説 ➡ 別冊 p.14～15

次の (1) から (10) までの (   ) に入れるのに最も適切なものを **1**，**2**，**3**，**4** の中から一つ選び，その番号のマーク欄を塗りつぶしなさい。

(1) **A:** Look, there are some street performers at the park today.
　　 B: Oh, the girl playing the guitar, (　　　) moved to our school last month, is one of my classmate.

　　 1 whom　　　　**2** who　　　　**3** what　　　　**4** whose

(2) Ted visited his aunt who lives in London. (　　　) he enjoyed the most during the stay was watching a soccer game at a stadium.

　　 1 Where　　　**2** Which　　　**3** That　　　**4** What

(3) **A:** I'm sorry I'm late for class, Mr. Klein.
　　 B: Bobby, please tell me the reason (　　　) you are late.

　　 1 why　　　**2** where　　　**3** what　　　**4** when

(4) **A:** I can't decide. Should I get the red or blue jacket?
　　 B: They both suit you, so (　　　) you choose, you'll look great.

　　 1 whoever　　**2** wherever　　**3** forever　　**4** whichever

(5) **A:** Hi, Mom. I'm home earlier than planned.
　　 B: Oh no! If I had known earlier, I would (　　　) cooking dinner.

　　 1 start　　　　**2** started　　　**3** have started　　**4** be starting

(1)	(2)	(3)	(4)	(5)
① ② ③ ④	① ② ③ ④	① ② ③ ④	① ② ③ ④	① ② ③ ④

ここを見直し！　　Lesson 14　　　Lesson 14　　　Lesson 15　　　Lesson 15　　　Lesson 16

58

(6)   Michelle is the youngest and only girl of four children. Everyone treats her as if she (   ) a princess.

    1 had been   **2** were   **3** is   **4** will be

(7)   Megan is deciding which club to join at school. If she (   ) better at playing sports, she would join the tennis team.

    1 were   **2** had been   **3** was   **4** had

(8)   *A:* Thank you so much! (   ) the money you lent me, I couldn't have gotten on the train.

    B: No problem, that's what friends are for!

    1 Without   **2** With   **3** Not   **4** Unless

(9)   Jeremy reads very fast. He can read three times as (   ) as the other students.

    1 fast   **2** faster   **3** fastest   **4** more faster

(10) Anna wanted to buy a computer. She went to the store and was disappointed to find that she would need (   ) three hundred dollars for the model she wanted.

    1 at most   **2** at more   **3** at least   **4** at less

(6)	(7)	(8)	(9)	(10)
① ② ③ ④	① ② ③ ④	① ② ③ ④	① ② ③ ④	① ② ③ ④
Lesson 17	Lesson 16	Lesson 17	Lesson 18	Lesson 18

場面・話者の意図をとらえる

🎵 19

【筆記 2】会話文空所補充問題の解き方のコツ，助動詞を用いた表現

筆記 2 の会話文の空所補充問題は 1 人 2 発話ずつの 2 人の会話（空所は 1 つ）が 3 題と，1 人が 4 発話ずつの会話（空所は 2 つ）が出題されます。例題を見て，解き方のコツをつかみましょう。

A: Welcome to Bob's Burger. Are you ready to order?

└── Welcome to ～（いらっしゃいませ）から店員の発話とわかる。

❶会話の場面がわかる表現に注目！
ハンバーガー店での注文の場面であることをとらえる。

B: Yes. I'd like a burger and orange juice, please.

飲み物を頼んでいることから 3 は不適。

A: OK, sir. Would you like (　　　　　) ?

Would you like ～?「～はいかがですか」

❷空所の前後に注目して会話の流れをつかむ！
空所が疑問文ならその後の応答がヒントになる。

B: No, thank you. I'm not that hungry.

└── 空腹ではないと断っているので，食べ物をすすめられたと考えられる。

正解は 4

1 to eat here 　　　　　　**2** to pay by cash
3 something to drink 　　**4** French fries with that

【訳】　A：ボブズバーガーへようこそ。ご注文はお決まりですか。
　　　　B：はい。ハンバーガーとオレンジジュースをお願いします。
　　　　A：かしこまりました，お客さま。（　　　　　）はいかがですか。
　　　　B：いいえ，けっこうです。そんなにお腹がすいていないので。

【選択肢の訳】　**1** ここで食べること
　　　　　　　2 現金で払うこと
　　　　　　　3 何か飲むもの
　　　　　　　4 それと一緒にポテト

上で見たように，会話問題では場面を把握し，会話の流れを理解することが重要です。また，会話では相手に働きかけたり，ニュアンスを伝えたりするのに助動詞が重要な役割を担っています。助動詞を用いた重要表現を場面ごとに見ておきましょう。

● **買い物**

How can I help you? / Can I help you? / May I help you? 　いらっしゃいませ。
I'll take this shirt. 　このシャツを買います。
Would you like to try it on? 　ご試着されますか。
Can I pay by credit card? 　クレジットカードで支払えますか。
I was wondering if I could return this skirt. 　このスカートを返品してもよろしいでしょうか。

● **レストラン・ファストフード**

頼みごとをするときの表現。
Can [Could] I ～? より遠慮がちなニュアンス

What would you like to drink? 　お飲み物は何になさいますか。
How would you like your steak cooked? 　お肉の焼き加減はいかがなさいますか。
How many people will there be? 　何名さまでいらっしゃいますか。

● **ホテル**

I'd like to make a reservation. 　予約したいのですが。

I want to ～. より丁寧

You will be staying for two nights. 　2 泊ご宿泊の予定ですね。
May I have your name, please? 　お客さまのお名前をいただいてもよろしいですか。

やってみよう！

解答解説 ➡ 別冊 p.15 〜 16

次の会話文を完成させるために，(1) から (2) に入るものとして最も適切なものを **1**，**2**，**3**，**4** の中から一つ選び，その番号のマーク欄を塗りつぶしなさい。

(1)　*A*: Good afternoon, madam. How can I help you?
　　B: Hello. I'm looking for something to wear for a party this evening.
　　A: I see. This style here is very popular. Would you like to (　1　)?
　　B: They're very pretty but I think pants suit[*1] me better.

　　1　try one on　　　　　　　　**2**　enjoy buying clothes
　　3　often go to parties　　　　**4**　want to pay by card

(2)　*A*: Hello. I'd like to make a reservation for August 14th.
　　B: Certainly sir. How many nights would you like to stay?
　　A: Two nights. (　2　)?
　　B: I'm afraid not. We only have single rooms left that day.

　　1　Would you like to pay by credit card
　　2　May I reserve a double room
　　3　Do you have a reservation
　　4　Can I pay when I leave

【注】*1 suit 〜に似合う

(1)	(2)
① ② ③ ④	① ② ③ ④

【筆記 2】依頼・許可・勧誘・提案の表現・間接疑問文

会話問題で相手への働きかけと応答を的確にとらえるために，助動詞が重要であることを見てきました。ここでは依頼したり許可を求めるといった機能別に重要表現を整理しておきましょう。

● 依頼

Will [Can] you carry these boxes? この箱を運んでもらえますか。

Would [Could] you call me later? 後でお電話をいただけませんか。

> Will [Can] you 〜？ より丁寧

Would you mind taking our picture? 写真を撮っていただけないでしょうか。

— No, not at all. / Of course not. いいですよ。

● 許可

Can [May] I use this pen? このペンを使ってもいいですか。

Would [Do] you mind if I sit here? ここに座ってもかまいませんか。

— No. Go ahead. かまいませんよ。どうぞ。

> mind を使って聞かれたら，承諾する場合は No で答える

次に，誘ったり，提案したりするときに使う表現をおさえましょう。

● 勧誘・提案

> 親しい人を誘う

Do you want to go for a walk? 散歩に行きましょうか。

> 少し丁寧

Would you like to join us tonight? 今夜あなたも参加しませんか。

> 「一緒に〜しませんか」と誘う表現

Why don't we have lunch together? 一緒に昼食を食べませんか。

How [What] about meeting at the station at 1? 1時に駅で会うのはどう？

Why don't you come in? 入ったらどう？

> 「〜してはどう？」と提案する表現

承諾するとき：**That's perfect.**「それはすごい」　**All right.**「いいですよ」
　　　　　　 Sounds great.「いいですね」　**I'd love to.**「ぜひ，喜んで」　**No problem.**「問題ありません」
断るとき：**I'm sorry [afraid] I can't.**「ごめんなさい，だめなんです」
　　　　　 I'd love to, but I have an appointment.「ぜひ行きたいけど予定があるんです」

相手に場所や時間などを尋ねるとき，Where 〜？「〜はどこ？」でなく，以下のように間接疑問文（疑問文が文の一部に組み込まれた形）にすることでより丁寧な言い方になります。

　　　　　　　　　　 [疑問詞]　　　　 [S]　　　　 [V]
Can you tell me where the train station is? 列車の駅がどこなのか教えていただけますか。
　　　　　　　　 間接疑問

> 疑問詞の後は疑問文の語順にならず，平叙文（SV）の語順になるので注意

　　　　　　　 [疑問詞]　　　 [S]　　　 [V]
Do you know what time the store opens? 何時にその店が開くか知っていますか。
　　　　　　 間接疑問

やってみよう！

解答解説 ➡ 別冊 p.16

次の会話文を完成させるために，(1) から (3) に入るものとして最も適切なものを **1**，**2**，**3**，**4** の中から一つ選び，その番号のマーク欄を塗りつぶしなさい。

(1)　*A:* Are you going trick-or-treating*1 this year?

　　B: Of course. I've already decided on my costume*2.

　　A: Oh, really? May I ask (　1　)?

　　B: Well, not yet. I don't want anyone else in the class to know what I'm going to be.

　　1　what it is this year　　　　　　**2**　who you are going with

　　3　what time you are going　　　　**4**　how much it will cost you

---

　　A: Hi, Dave. I have a spare*3 ticket to a concert on Saturday. Would you like to come with me?

　　B: Thanks Sally, that sounds great! I'm free all day so I'd love to come.

　　A: (　2　) before we go to the concert?

　　B: Sure. That sounds great. How about meeting outside the library at 5 p.m.?

　　A: That's perfect.

　　B: I know a nice Italian restaurant.

　　A: Great! Could you (　3　)?

　　B: Sure. I'll call the restaurant later today.

(2)　**1**　Why will you go to the library　　**2**　Why don't we eat together

　　3　Would you like to buy a ticket　　**4**　Would you mind if I go alone

(3)　**1**　make a pizza for me　　　　　　**2**　call me later

　　3　buy me a drink　　　　　　　　**4**　reserve a table

【注】*1 go trick-or-treating（ハロウィンで）仮装してお菓子をねだりに行く　*2 costume 衣装
　　*3 spare 予備の，余分な

(1)	(2)	(3)
① ② ③ ④	① ② ③ ④	① ② ③ ④

次の四つの会話文を完成させるために，(1) から (5) に入るものとして最も適切なものを **1**，**2**，**3**，**4** の中から一つ選び，その番号のマーク欄を塗りつぶしなさい。

(1) **A:** Excuse me, ma'am, but isn't this your glove? I think you dropped it.

B: Oh, yes! Thank you so much. I'm always losing them.

A: No problem. I often (1) too.

B: Really? That makes me feel better. Thank you.

1 keep an eye on people around me

2 lose small things like this

3 write my name on small articles*1

4 watch out not to lose things

(2) **A:** Excuse me. I'm doing a survey*2 for a school project. Do you mind if I ask you a few questions?

B: (2), but I'm on my way to work now.

A: It will only take about five minutes.

B: Oh, in that case, go ahead.

1 No, go ahead

2 That's not possible

3 I'd love to help you

4 Yes, I do mind

(3) **A:** Hi John. I'm just going out for lunch. Why don't you join me?

B: (3). I have to stay in the office today.

A: Oh yes, you have a client meeting at one o'clock, don't you?

B: That's right. Why don't we have lunch together tomorrow?

1 That sounds great

2 I'm afraid I can't

3 I'd love to join you

4 I have already done it

A: Excuse me. I bought this shirt yesterday, but I want to return it.

B: Oh, I see. (　4　)?

A: No, no. It was OK, but this part is dirty.

B: Oh, no. May I see it? Yes, you are right. I'm really sorry about this.

A: Yes. And this was the last one in this size. Do you have another color in this size?

B: I think so …. Here is a light blue one. (　5　)?

A: Sure. Where is the fitting room?

B: It is over there. Follow me, please.

(4)　**1**　How much was it

　　　2　May I see your receipt

　　　3　Anything wrong with the size

　　　4　Are there any problems

(5)　**1**　Would you like to try it on

　　　2　Is it 25 dollars

　　　3　What size are you

　　　4　Would you mind exchanging it

【注】 *1 article「品物」 *2 survey「調査」

(1)	(2)	(3)	(4)	(5)
① ② ③ ④	① ② ③ ④	① ② ③ ④	① ② ③ ④	① ② ③ ④

ここを見直し！　　Lesson 19　　Lesson 19・20　　Lesson 19・20　　Lesson 19・20　　Lesson 19・20

物語文の展開を予測する

【筆記3】長文空所補充問題－物語文の解き方のコツ

筆記3は長文空所補充問題で，長文はある人物についての物語文です。空所の前後に特に注意して，文脈をとらえることが大切です。例題を見て，解き方のコツをおさえましょう。

❷序盤でどんな人物か把握！
冒頭1～2文で簡潔に人物の紹介がされていることが多い。

❶タイトルに注目！
タイトルは英文全体を一言で表したもの。タイトルから内容を推測しよう。

A Picture book

ここでは「絵本」が話題となることがわかる。

Emma lives alone in a one-room apartment. One day, she dropped by a

ここでは一人暮らしをしているエマという人の話とわかる。

bookstore near her apartment. She bought an interesting picture book there

空所前でエマが絵本を買ったとわかる。何をしたらいいと考えたから？

because she thought it would be nice to (26). After she got home, she

❸空所前後の文に注目！
意味を把握したら、下の選択肢を見て当てはまるものを探そう！

wrapped it with paper and put a ribbon on it.

空所後で「ラッピングをしてリボンをつけた」とあるから自分用ではなさそう…。

The next day, she called her brother. She told him that she was going to

send the picture book from the post office. However, he asked her (27).

空所前で「兄はエマに求めた」とある。どうすることを？

As she had no plans for the weekend, she decided to go to his house to give

空所後の「彼の家に行くことにした」という内容から、(27) に入るのは？

the picture book to her niece by hand. Her niece was happy that Emma was

coming to visit and liked the gift from her. Emma read it to her and they had

a good time.

❹文脈を考えて正解を選ぶ！
選択肢は文法的にはどれを入れることもできるので、空所の前後の文に注目して、内容を考えて選ぶ。

絵本は自分のものではなさそうだと考えると
⇒正解は3の「それを姪にあげる」だとわかる。

(26)　**1** use it for her research　　**2** read it by herself
　　　3 give it to her niece　　　**4** bring it to school

兄がエマにどうすることを求めたから、エマは彼の家に行くことにしたのか？
⇒正解は1の「日曜日に彼を訪ねること」だとわかる。

(27)　**1** to visit him on Sunday　　**2** to buy another book today
　　　3 to pick him up on Saturday　　**4** to call him again tomorrow

---

【訳】絵本
　エマはワンルームのアパートで一人暮らしをしている。ある日，彼女はアパートの近くの本屋に寄った。彼女は（ 26 ）といいだろうと考えたので，そこで面白そうな絵本を買った。帰宅後，彼女はそれを紙で包み，リボンをつけた。
　次の日，彼女は兄に電話した。彼女はその絵本を郵便局から送るつもりだと彼に伝えた。しかしながら，彼は彼女に（ 27 ）を求めた。彼女は週末の予定はなかったので，彼の家に行って，姪に絵本を手渡しすることにした。彼女の姪はエマが訪ねてきてくれたことに喜び，彼女からの贈り物を気に入った。エマは彼女にそれを読んであげて，彼らは楽しい時間を過ごした。

【選択肢の訳】
(26)　**1** それを研究に使う
　　　2 それを自分で読む
　　　3 それを姪にあげる
　　　4 それを学校に持っていく
(27)　**1** 日曜日に彼を訪ねること
　　　2 今日別の本を買うこと
　　　3 土曜日に彼を迎えに行くこと
　　　4 明日彼にまた電話すること

やってみよう！

解答解説 ➡ 別冊 p.18

次の英文を読み，その文意にそって (1) と (2) の (　　) に入れるのに最も適切なものを **1**，**2**，**3**，**4** の中から一つ選び，その番号のマーク欄を塗りつぶしなさい。

Fred's Umbrella

Last week Fred went to a café near his university. It was a rainy day and he was carrying his favorite umbrella. He put it into the umbrella holder at the entrance of the café. He had a cup of coffee. When he approached the entrance to leave the café, he realized (　1　). He thought that someone must have taken it by mistake.

He told the waitress what had happened, so she lent him an umbrella. He gave her his phone number and asked her to call him if she found his umbrella. When he arrived home, his phone rang. It was the waitress and she told him that an elderly*1 woman had come back to the shop (　2　). He was happy to hear that. The next day he went to the café again to pick it up. The waitress served*2 him a coffee and said that it was the elderly woman's treat*3.

(1)　**1**　the umbrellas were all pretty　　　**2**　his umbrella wasn't there
　　　3　it had already stopped raining　　　**4**　he had left his wallet on the table

(2)　**1**　for a business meeting　　　**2**　with Fred's umbrella
　　　3　to complain to Fred　　　**4**　to ask for directions

【注】 *1 elderly 年配の　*2 serve（食事・飲み物など）を出す　*3 treat おごり

(1)	(2)
① ② ③ ④	① ② ③ ④

単熟語

文法

会話表現

長文読解

ライティング

リスニング

次の英文を読み，その文意にそって (1) と (2) の（　　　）に入れるのに最も適切なものを **1**，**2**，**3**，**4** の中から一つ選び，その番号のマーク欄を塗りつぶしなさい。

Helping a Baby Bird

Eric is a high school student. One day on his way home from school, he saw something small moving by the road. He came up to it and saw it was a baby bird of some kind. It was so small and weak he couldn't help picking it up. He wrapped it up in his handkerchief and (1). When he showed it to his mother she said "you should never pick up a baby bird that's fallen from its nest."

He found a small plastic bowl in the kitchen and put the bird in it. Then he took it back to where he found it. He fixed the bowl on a tree branch and left. The next morning when he passed by the place, he saw an adult bird on the plastic nest! (2). He felt great all day that day.

(1) **1** left it there   **2** called the city office
     3 took it home   **4** put it back in the nest

(2) **1** It was attacking the baby bird
     2 It was feeding the baby bird
     3 It pushed the baby out of the nest
     4 The baby was on the ground again

	(1)	(2)
ここを見直し！	① ② ③ ④	① ② ③ ④
	Lesson 21	Lesson 21

メールの目的をとらえる

【筆記 4A】長文の内容一致選択問題①-解き方のコツ，質問文のパターン

筆記 4 は長文読解問題で，4A は**メール文**に対し，質問の答えを選ぶ，または文を完成させるのに適切な語句を選ぶ問題です。メールは何か用件があって書かれます。まずはメールの形式を把握して必要な情報をすばやくとれるようにしておきましょう。

From: Polly Lester <plestr02@XXmail.com> ➡ 送信者

To: Martha Smith <marthasmith@YYmail.com> ➡ 受信者

Date: June 8 ➡ 日付（送信日）

Subject: Softball Club Event ➡ 件名
└── ソフトボールクラブのイベント

> ❶送信者と受信者を把握！
> ヘッダーに目を通し，誰から誰へのメールなのかを頭に入れる。

> ❷件名に注目！
> Subject からメールの話題がわかる。

─ あいさつ
Hi **Martha**, ➡ 受信者

> メールの用件（目的）は最初に述べられることが多い

How are you? I would like you and your daughter to come to the softball club picnic on Saturday August 8th. Every summer, the softball club members and their parents have a picnic at Victoria Park. We plan to meet at the gates to Victoria Park at 11 a.m. Let me know if you would like to join us.

> ソフトボールクラブのイベント＝件名（メールの話題）

The picnic was great fun last year. When we had finished eating, we all played a game of softball together. I think you and your daughter would enjoy it.

> 参加への返信を求めている

～～～～～～～～ 中略 ～～～～～～～～

I hope to hear from you soon.

Sincerely, ➡ 結びの言葉

Polly ➡ 送信者

【訳】差出人：ポリー・レスター <plestr02@XXmail.com>
　　　宛先：マーサ・スミス <marthasmith@YYmail.com>
　　　日付：6 月 8 日
　　　件名：ソフトボールクラブのイベント
- -
こんにちは，マーサ
元気ですか。あなたと娘さんに，8 月 8 日土曜日のソフトボールクラブのピクニックに来てほしいんです。毎年夏に，ソフトボールクラブのメンバーと親たちがビクトリア公園でピクニックをします。私たちは午前 11 時にビクトリア公園の門のところで会う予定です。参加したい場合は知らせてください。
昨年のピクニックはとても楽しかったです。食べ終えた後，みんなで一緒にソフトボールの試合をしました。あなたと娘さんも楽しめると思います。　（中略）
お返事をお待ちしています。
敬具，
ポリー

左ページのメール文について，最初の段落についての質問と選択肢の例を見てみましょう（実際の試験では，メールは**3段落で構成**される英文で，質問は**全部で3問**あります）。

Polly は送信者，Martha は受信者

メールを書いた目的を聞いている

(23) What does Polly ask Martha to do?
ポリーはマーサに何をすることを頼んでいるか。

1 Join a softball team for parents.
2 Invite another family to a picnic.
3 Attend a picnic with her daughter.
4 Watch a softball game.

【選択肢の訳】
1 親たちのためにソフトボールクラブに参加する
2 別の家族をピクニックに招待する
3 娘と一緒にピクニックに参加する
4 ソフトボールの試合を見る

メール本文 you and your daughter to come ... picnic の言い換え⇒**3**が正解。

質問は，疑問詞の質問文に対する答えを選ぶものと，文の続きを選ぶもの（文完成）の2パターンあります。よく出題される質問文をおさえておきましょう。

● **質問文に使われる表現**

〜には人物名が入ることが多い

メールの目的が問われている。冒頭の部分に注目

What is true about 〜 ? 　　　　　　　〜について正しいことは何か。
What does 送信者 ask 受信者 to *do*? 　送信者は受信者に何をするよう頼んでいるか。
Why is 送信者 writing to 受信者 ? 　　送信者は受信者になぜ（メールを）書いているか。
What will happen tomorrow? 　　　　明日何が起こるだろうか。
What happened to 送信者 yesterday? 　昨日，送信者に何が起こったか。

過去や未来の行動が問われている。動詞の時制に注意。

● **文完成に使われる表現**

送信者 says that ... 　　　　　　　　送信者は…と言っている。
送信者 tells 受信者 that ... 　　　　　送信者は受信者に…と伝えている。
送信者 asks 受信者 to *do* ... 　　　　送信者は受信者に…するよう頼んでいる。
送信者 is writing to 受信者 because ... 　送信者が受信者にメールを書いているのは…だからだ。

メールでよく使われる表現を覚えておくと，メールの目的や求めていることのヒントになります。

● **メールの目的のヒントになる表現**

I'm writing to ... 　　　　　　　　　　　　…するために（このメールを）書いています。
Can I ask you (for) a favor? 　　　　　　お願いをきいてもらえる？
I would like [want] you to *do*... 　　　あなたに…してほしいと思っています。
I hope that you can ... 　　　　　　　　あなたが…できるといいと願っています。
Would you like to [Do you want to] *do*...? 　…しませんか。

何かを依頼したり，誘ったりするメール

● **返信を求める表現**

Let me know if you would like ... 　　　あなたが…したいか教えてください。
Please let me know if you can ... 　　あなたが…できるかどうか教えてください。
I hope to hear from you soon. 　　　　お返事をお待ちしています。
I'm looking forward to hearing from you soon. 　お返事を楽しみにしています。

やってみよう！

解答解説 ➡ 別冊 p.19

次の英文の内容に関して，(1) から (3) までの質問に対して最も適切なもの，または文を完成させるのに最も適切なものを **1**, **2**, **3**, **4** の中から一つ選び，その番号のマーク欄を塗りつぶしなさい。

From: Taichi Yoshida <ta144da@prettymail.com>
To: Marylou Harris<marylou826harris@gentle.com>
Date: October 24
Subject: Thank You

. . . .

Dear Ms. Harris,

I hope you remember me. I was a student in your after-school English course last year. I finished a one-year exchange program[*1] in New Zealand this June and have come back home to Japan. This September I took the entrance exam[*2] for a college in my hometown and I have just received a letter telling me that I passed! I am very happy about it and I'm proud of myself for succeeding.

When I first started your class I know I was a really terrible student. I didn't understand anything you were saying, but thanks to your wonderful instruction[*3] I started to gradually understand what you and other people were saying. You were truly patient[*4] in teaching me and you really understood my problems.

You also helped me with my other problems, like my difficulty[*5] in making friends and the trouble I had in communicating with people. I really owe my success in this entrance exam and my happy year in New Zealand to you. That's why I'm writing this email to you. I want to let you know that your kindness really mattered[*6] to me and I want to express my sincere appreciation[*7] to you.

Yours truly,
Taichi

【注】*1 exchange program 交換（留学）プログラム　*2 entrance exam 入学試験　*3 instruction 指導，説明　*4 patient 我慢強い　*5 difficulty 困難　*6 matter 重要である　*7 sincere appreciation 心からの感謝

(1) What is true about Ms. Harris?

    1 She was Taichi's classmate in an English course.

    2 She was a student in an exchange program.

    3 She was Taichi's English teacher.

    4 She was Taichi's host mother in New Zealand.

(2) How was Taichi doing when he first met Ms. Harris?

    1 He was having a hard time in understanding English.

    2 He had lived in New Zealand for one year and spoke English well.

    3 He was quickly improving in his English studies.

    4 He was very patient and was trying hard to solve his problems.

(3) Taichi is writing to Ms. Harris now because

    1 he is happy that he became good friends with her.

    2 he passed an exam before he left New Zealand.

    3 he had trouble writing an email in English.

    4 he feels he owes his success to her.

(1)	(2)	(3)
① ② ③ ④	① ② ③ ④	① ② ③ ④

【筆記 4B】長文の内容一致選択問題②－答えの探し方，言い換え表現

4B は 4 段落からなる長文の内容に関する質問の答えを選ぶ，または文を完成させるのに適切な語句を選ぶ問題です。質問文を先読みすることが効率的に解くコツです。例を見ながら，解き方を見てみましょう。

❶**タイトルに注目！**
タイトルから話題を予測してから読めば，多少難しい語句があっても内容をつかみやすい。

A Symbol of the Industrial Age

└── 産業時代（industrial age）の象徴

The Angel of the North is a large statue that stands near Newcastle, in
└── トピック（話題）文＝ The Angel of the North についてだと予測して読み進める

the north of England. It was completed in 1998 and is 20 meters tall. It is

the largest statue of an angel in the world. The body and the wings of the

angel are made of brown steel. It is not a beautiful statue. However, it was
                                          The Angel of the North の説明 ──┘

built to recognize the hard work and achievements of local people during the
└── 地元の人々の努力と業績を称えるために建てられた＝産業時代の象徴

Industrial Age. That is why the statue is loved by the people of Newcastle.
          └── 「そういうわけで愛されている」とあるので，その前文に理由があると予想できる。

For around 300 years, Newcastle was known for ship-building and coal-

mining but when the industrial age ended, the area started to decline. (後略)

❷**質問文を先読み！**
質問文と選択肢をさっと読んでキーワードを頭に入れ，答えを探しながら読む！

❸**質問文に出てくる語句に注目！**
質問文と選択肢のキーワードを見つけたらその前後を特に注意して読もう。

(26) Why is the Angel of the North loved by the local people?
    └── why なので理由を，また the Angel of the North を探しながら読む。

   1 It is the world's largest angel statue.

   2 It is an attractive piece of art.

   3 It is a symbol of their labor and effort.

   4 It was the only statue built in 1998.
        └── 上の 青マーカー の部分の hard work and achievements が言い換えられている。⇒ **3** が正解。

【訳】産業時代の象徴
　北の天使はイングランドの北部，ニューキャッスルの近くに立つ大きな像である。それは 1998 年に完成し，高さ 20 メートルである。それは世界で最も大きな天使の像である。天使の体と羽は茶色の鋼でできている。それは美しい像ではない。しかしながら，それは産業時代の地元の人々の努力と業績を称えるために建てられた。そういうわけでその像はニューキャッスルの人々に愛されている。
　約 300 年間，ニューキャッスルは造船と炭鉱で知られていたが，産業時代が終わると，その地域は衰退し始めた。(後略)

【質問と選択肢の訳】
(26) なぜ北の天使は地元の人々に愛されているのか。
1 世界最大の天使の像だから。
2 魅力的な芸術作品だから。
3 彼らの労働と努力の象徴だから。
4 1998 年に建てられた唯一の像だったから。

4B の長文は 4 段落で構成され，各段落の内容を問う質問が 1 問ずつ出題されます。まず質問文を読んで，使われている人名，固有名詞，西暦などの特徴的な語句を本文中に探し，その語句が使われている文とその前後を特に注意して読むのが長い文章を読むコツです。

よく出る質問のパターンを見てみましょう。

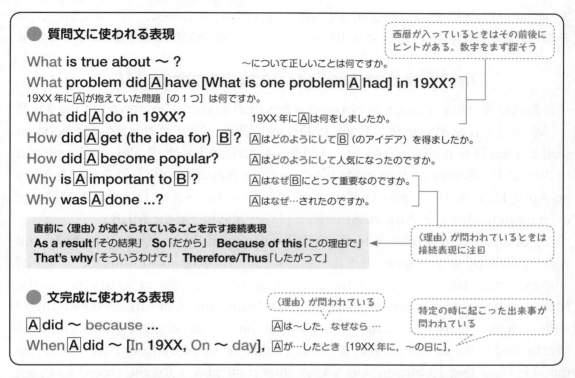

● 質問文に使われる表現

西暦が入っているときはその前後にヒントがある。数字をまず探そう

What **is true about 〜?**　　　　　　〜について正しいことは何ですか。
What **problem did** A **have [What is one problem** A **had] in 19XX?**
19XX 年に A が抱えていた問題［の 1 つ］は何ですか。
What **did** A **do in 19XX?**　　　　19XX 年に A は何をしましたか。
How **did** A **get (the idea for)** B **?**　A はどのようにして B （のアイデア）を得ましたか。
How **did** A **become popular?**　　A はどのようにして人気になったのですか。
Why **is** A **important to** B **?**　　A はなぜ B にとって重要なのですか。
Why **was** A **done ...?**　　　　　A はなぜ…されたのですか。

直前に〈理由〉が述べられていることを示す接続表現
As a result「その結果」　**So**「だから」　**Because of this**「この理由で」
That's why「そういうわけで」　**Therefore/Thus**「したがって」

〈理由〉が問われているときは接続表現に注目

● 文完成に使われる表現

〈理由〉が問われている

特定の時に起こった出来事が問われている

A **did 〜 because ...**　　　　　　A は〜した，なぜなら …
When A **did 〜 [In 19XX, On 〜 day],** A が…したとき［19XX 年に，〜の日に］，

選択肢には，本文中の表現がそのまま用いられている場合もありますが，例題のように，多くの場合は同じような意味を表す別の語句や表現で言い換えられています。

実際に出題された言い換えのパターンを見てみましょう。

● 動詞・熟語の言い換え

discover　発見する　→　find out　見つける　　　support　支える　→　help　助ける
have the chance to *do*　〜する機会がある　→　be able to *do*　〜できる
make A using B　B を使って A を作る　→　make A from B　B から A を作る

● 文単位の言い換え（節⇒句，2 文が関係代名詞で 1 文でまとめられる，能動態⇒受動態，文型の変化など）

because S ＋ V　→　thanks to [because of] 〜
S は V なので　　　　　〜のおかげで［ために］
let people know about A　→　share A with people
人々に A について知らせる　　　A を人々と分かち合う
A made B easier　→　By using A, it became easier to *do* ...
A は B を簡単にした　　　A を使うことで，〜するのが簡単になった
difficult to use　→　it is difficult for people to learn how to use ...
使うのが難しい　　　人々にとって…の使い方を学ぶのは難しい

やってみよう！

解答解説 ➡ 別冊 p.19 〜 21

次の英文の内容に関して，(1) から (4) までの質問に対して最も適切なもの，または文を完成させるのに最も適切なものを **1**, **2**, **3**, **4** の中から一つ選び，その番号のマーク欄を塗りつぶしなさい。

The First African American Player in MLB

Jackie Robinson was a very popular baseball player who played in the MLB — Major League Baseball[*1] from 1947 until 1956. One of the reasons he is so well-known is that he was the first African American baseball player who played in the MLB. Before he first made his debut as a player for the Brooklyn Dodgers on April 15th, in 1947, all black players played in the Negro Leagues[*2]. No one even thought about an African American player playing in the MLB.

Robinson's promotion[*3] to the MLB was generally accepted positively and with favor[*4] by newspapers, but it was not easy for Robinson himself. A lot of white baseball fans were angry that an African American player would play in the MLB. Most of his teammates stayed away from him rather than cooperating[*5] with him as a teammate. But when the tension[*6] became greater than could be overlooked[*7], the team manager announced that he stood by Robinson's side. He made it clear that Robinson was a very important player for the team by saying that if any of them did not want to play with Robinson, that player would be traded.

Little by little he was accepted by the other players as a wonderful teammate. He received MLB's Rookie of the Year Award in 1947, won the National League's Most Valuable Player Award in 1949, and played in the all-star games for six seasons from 1949 through 1954. He was admitted to the Baseball Hall of Fame[*8] in 1962.

He died of heart attack at the age of 53, but he was honored and loved even after his death. In 1997, his uniform number 42 was "retired" on April 15th, the anniversary of his debut. Also, on the same day in 2004, a tradition called "Jackie Robinson Day" was started, when every player on every team plays with the uniform number 42. Since then, April 15th has been considered as one of the most important days in the world of baseball in the U.S.

【注】*1 Major League Baseball メジャーリーグ（アメリカのプロ野球リーグ）　*2 Negro League ニグロリーグ（アフリカ系アメリカ人を中心とした野球リーグ）　*3 promotion 昇格　*4 with favor 好意的に　*5 cooperate 協力する　*6 tension 緊張　*7 overlook 〜を見過ごす　*8 the Baseball Hall of Fame 野球の殿堂

(1) When Jackie Robinson first started to play in the MLB,

    1 the league was totally made up of white baseball players.

    2 he started playing with other African American players.

    3 he was generally accepted by white baseball fans.

    4 the MLB was ready to have African American players.

(2) What was the team manager's attitude toward Robinson?

    1 He understood the other players and stayed away from Robinson.

    2 He tried to protect Robinson by writing articles in the newspapers.

    3 He was angry at the other players who didn't cooperate with Robinson.

    4 He tried to trade Robinson for another white player.

(3) In 1949, Jackie Robinson

    1 won MLB's Rookie of the Year Award.

    2 watched the all-star game for the first time.

    3 left the Brooklyn Dodgers at the end of the season.

    4 received the National League's Most Valuable Player Award.

(4) On "Jackie Robinson Day,"

    1 Robinson's uniform number was retired.

    2 no other player in the MLB wore a uniform with the number 42.

    3 all the players in the League wear the same uniform number.

    4 everybody remembers Robinson because that is the day he died.

(1)	(2)	(3)	(4)
① ② ③ ④	① ② ③ ④	① ② ③ ④	① ② ③ ④

次の英文の内容に関して，(1) から (3) までの質問に対して最も適切なもの，または文を完成させるのに最も適切なものを **1**，**2**，**3**，**4** の中から一つ選び，その番号のマーク欄を塗りつぶしなさい。

[A]

From: Wendy Mason <wendy8383@greenmail.com>
To: Happy Phone Shop <support@happycom.com>
Date: March 14
Subject: My New Smartphone

Dear Sir and Madame,

I'm writing this email to share my experience at one of your shops with you. I bought a new smartphone a week ago. Although I long refused to use a smartphone and had been using an old-style cellphone, I finally decided to get a smartphone because my old cellphone broke. I had trouble checking websites through my old cellphone.

I didn't know anything about smartphones, so I asked one of your shop staff for help. I was worried that the staff would make fun of me and be unkind when they found out I was totally new to smartphones. But I soon found out that I was wrong. The woman who helped me was so nice! She listened to me carefully smiling all the time and gave me good advice in choosing a phone. She also answered all of my questions really kindly.

I still have difficulties in using my new smartphone, but knowing that I can get good instructions whenever I need them, I'm really enjoying it. I hear from some of my friends that they couldn't get any help from their phone company's customer support staff. Next time I hear that, I will recommend your company to them. Thank you so much.

Sincerely,

Wendy Mason

(1) Why did Wendy decide to buy a smartphone?

1 She lost her old one.

2 Her old phone was not working properly.

3 She had long wanted to buy a smartphone.

4 All of her friends had smartphones.

(2) What happened when Wendy went to the phone shop?

1 She received a discount on her smartphone.

2 Some customers there made fun of her.

3 The shop staff took good care of her.

4 The smartphone she wanted was sold out.

(3) What does Wendy sometimes hear from her friends about smartphones?

1 Their telephone company doesn't help them at all.

2 Their smartphones run out of battery power too soon.

3 They want to buy a phone from another company.

4 They are enjoying using their smartphones.

(1)	(2)	(3)
① ② ③ ④	① ② ③ ④	① ② ③ ④
Lesson 22	Lesson 22	Lesson 22

ここを見直し！

単語熟語　文法　会話表現　長文読解　ライティング　リスニング

次の英文の内容に関して，(4) から (7) までの質問に対して最も適切なもの，または文を完成させるのに最も適切なものを **1**，**2**，**3**，**4** の中から一つ選び，その番号のマーク欄を塗りつぶしなさい。

[B]

Facts about Chocolate

Do you know how chocolate is made? Chocolate is made from the seeds of cacao trees. The cacao seeds come in pods*1 like peas. The pods are about 15 to 30 centimeters long, 8 to 10 centimeters wide and shaped like a football. When you break the pods, you'll find 20 to 60 cacao seeds covered in a soft wool-like material called "cacao pulp" inside.

You take out these seeds together with the pulp, cover them up in banana leaves and leave them for about a week. This process is called "fermentation*2" just like the process to make yogurt or *natto*. After the fermentation, you dry them, clean them, heat them and crush them. What you get as a result is called cacao mass, which has started to smell like chocolate and is a little sweet. It is heated and separated into cocoa butter and cocoa powder. When you mix these with milk or sometimes vegetable oil, and sugar, you get various kinds of chocolate.

One hundred grams of milk chocolate amounts to 540 calories which is a lot for a person who is on a diet, but it is a good source of vitamin B12, calcium, minerals and iron. You should be careful not to eat too much because it can cause some people to sweat or have a headache. It can also cause skin problems in some people.

But at the same time, recent surveys*3 have found that chocolate helps elderly people recover the ability to understand or remember things because chocolate helps increase the blood flow in the brain. It is also said that chocolate helps many people relax and sleep better. We might have to wait for more research, but we all know that we love chocolate and it makes us happy whenever we eat it!

【注】 *1 pod さや   *2 fermentation 発酵   *3 survey 調査

(4)　The seeds of the cacao tree

　1　can be collected in quantities of about 10 seeds per tree.
　2　look like peas and are less than 8 centimeters long.
　3　are contained in pods shaped like a football.
　4　are so soft that you can break them easily.

(5)　What is done in the fermentation process?

　1　The seeds are taken from the pulp which is inside the pods.
　2　The seeds are covered with pulp which is inside the pods.
　3　The seeds are mixed with foods such as yogurt or *natto*.
　4　The seeds are covered in banana leaves and left for a week.

(6)　Chocolate is not really bad for you because

　1　it will be helpful for people who are on a diet.
　2　it contains calcium and minerals.
　3　it can cause headaches and make you sweat.
　4　it might solve some people's skin problems.

(7)　According to the passage, what is true about chocolate?

　1　It has become more and more popular among young researchers.
　2　It helps increase the blood flow in the brain.
　3　You should not eat too much chocolate because it prevents you from sleeping.
　4　You will recover from diseases more quickly if you eat it.

(4)	(5)	(6)	(7)
① ② ③ ④	① ② ③ ④	① ② ③ ④	① ② ③ ④

ここを見直し！　　Lesson 23　　Lesson 23　　Lesson 23　　Lesson 23

Eメール問題の基本的な構成と使える表現

筆記5の「ライティング（Eメール）」は，外国人の知り合いからもらったメールに対し，返信を書く問題です。返信の中の解答欄に40語〜50語の英語で書きます。まず大まかに<u>メールの特徴とそれに対する返信メールの構成</u>を把握しましょう。

〈例題〉

● あなたは，外国人の知り合い（Ryan）から，Eメールで質問を受け取りました。この質問にわかりやすく答える返信メールを，□に英文で書きなさい。

● あなたが書く返信メールの中で，RyanのEメール文中の下線部について，あなたがより理解を深めるために，<u>下線部の特徴を問う具体的な質問を2つ</u>しなさい。

● あなたが書く返信メールの中で□に書く英文の語数の目安は40語〜50語です。

---

❶トピックを把握！
下線が引かれている文がトピックであることが多い。下線の語句とトピックをまずとらえよう。

あいさつ
Hi!

トピック
Guess what? My mom bought me an e-book reader last
└── 起こった出来事（電子書籍リーダーを買ってもらった）がわかる
month. I love reading, so I have many paper books. My mom
└── トピックの背景（なぜ買ってもらうことになったか）がわかる
said there isn't enough space in my house for more books, so

she suggested getting an e-book reader. My e-book reader

is convenient, but there's a problem. I sometimes forget to
└── 下線部の補足情報（利点や問題点）がわかる
charge it, so I can't read my e-books when I want to. Do you
質問
think more people will read e-books in the future?

Your friend,
Ryan

❷質問するために必要な情報をつかむ！
下線部についての質問を2つ考える。ここを読んでわかることは質問しないようにしよう。

❸質問を把握！
この質問に対し，自分の考えをまとめる。

【訳】
こんにちは！
ねえ聞いて。先月，母が僕に電子書籍リーダーを買ってくれたんだ。僕は読書が大好きだから，たくさん紙の書籍を持っているんだ。母は家にもっと本をおさめる十分なスペースがないと言って，電子書籍リーダーを買うことを提案したんだ。僕の電子書籍リーダーは便利だけど，問題がある。僕は時々それを充電するのを忘れるので，読みたいときに電子書籍を読むことができないんだ。君は将来もっと多くの人が電子書籍を読むようになると思う？
あなたの友人，
ライアン

Hi, Ryan!

Thank you for your e-mail.

解答欄に記入しなさい。

Best wishes,

Hi, Ryan!

こんにちは，ライアン！

Thank you for your e-mail.

メールありがとう。

> この枠内が作成する部分。
> 40 語〜50 語程度でおさめる

I didn't know that you liked reading!

私はあなたが読書が好きだなんて知らなかったよ！

── メールの感想
メールのトピックに対して反応する

Was your e-book reader expensive?

あなたの電子書籍リーダーは高かった？

── 下線部に関する質問 1

And how many e-books can the reader hold?

それから，そのリーダーには何冊の電子書籍を入れられるの？

── 下線部に関する質問 2

About your question, I think more people will read e-books.

あなたの質問についてだけど，私はより多くの人が電子書籍を読むようになると思う。

── メールの質問への返答
メールで尋ねられた質問に対し，自分の意見を述べる

Many people like to read books on trains or in cafés.

多くの人は電車やカフェで本を読むことを好むもの。

E-books are easier to carry around than paper books.

電子書籍は紙の書籍より持ち運ぶのが簡単だよ。 (50 語)

── 補足情報
自分の意見の補足情報として根拠，具体例などを述べる

Best wishes,

よろしく，

上の解答例の ▨ 部分のような表現を使って，順序立てて返信メールを書きましょう。他にも返信メールに使える以下のような表現を覚えておきましょう。

● **感想を述べるときの表現**

It's great that ... …とはすごいですね。　Your 〜 sounds great! あなたの〜は良さそうですね！

You must be very happy to ... …してうれしいことでしょう。

I didn't know that ... …ということを知りませんでした。

I'm surprised that ... …ということに驚いています。

● **質問に対する返答を始めるときの表現**

About [As for] your question あなたの質問について

● **質問に対する自分の意見を述べるときに使える表現**

I think [believe] (that) ... 私は…と思います

I don't think [believe] (that) ... 私は…と思いません

やってみよう!

解答解説 ➡ 別冊 p.23

以下の E メールについて，指示に合う返信メールになるよう，下の **1 ～ 7** から適切な語句を選び，①～④に英語で書き入れなさい。ただし，選択肢はすべて小文字で示してある。

※実際の試験は選択式ではなく，解答欄内に〈 〉内の文字もありません。すべて記述式です。

● あなたは，外国人の知り合い（Giles）から，E メールで質問を受け取りました。この質問にわかりやすく答える返信メールを， ☐ に英文で書きなさい。

● あなたが書く返信メールの中で，Giles の E メール文中の下線部について，あなたがより理解を深めるために，下線部の特徴を問う具体的な質問を 2 つしなさい。

● あなたが書く返信メールの中で ☐ に書く英文の語数の目安は 40 語～ 50 語です。

● 解答欄の外に書かれたものは採点されません。

● 解答が Giles の E メールに対応していないと判断された場合は，0 点と採点されることがあります。Giles の E メールの内容をよく読んでから答えてください。

● ☐ の下の Best wishes, の後にあなたの名前を書く必要はありません。

Hi!

Guess what! I got a mountain bike for my birthday last month. I ride my bike in the forest near my house. It has a special course for mountain bikes. I will let you ride my bike when you come to visit me. Riding my bike is fun, but it gets very dirty. I have to wash it every time I use it. Do you think mountain bikes will become more popular in the future?

Your friend,
Giles

Hi, Giles!

Thank you for your e-mail.

解答欄に記入しなさい。

Best wishes,

Hi, Giles!

Thank you for your e-mail.

解答欄

〈感想〉
(①   ) !

〈質問 1〉
What color is your bike?

〈質問 2〉
And (②   )?

〈メールの質問に対する返答〉
(③   ), I think mountain bikes will become

more popular in the future because (④   ).

〈補足〉
This is a good way to get exercise and enjoy nature.

Best wishes,

1 about your question
2 riding bikes is healthy
3 where was it made
4 did you see my bike
5 they are too expensive
6 your mountain bike sounds great
7 where do you ride your bike

返信メールの作り方

E メール問題では，メールから必要な情報を読み取り，返信メールを書きます。解答は，内容・語彙・文法の観点から採点されます。解答の手順を確認しましょう。

〈例題〉

● あなたは，外国人の知り合い（Jacob）から，E メールで質問を受け取りました。この質問にわかりやすく答える返信メールを，☐☐に英文で書きなさい。

● あなたが書く返信メールの中で，Jacob の E メール文中の下線部について，あなたがより理解を深めるために，下線部の特徴を問う具体的な質問を 2 つしなさい。

● あなたが書く返信メールの中で☐☐に書く英文の語数の目安は 40 語〜 50 語です。

あいさつ
Hi!

トピックの背景

トピック
Guess what? I joined the soccer team at my high school. My older brother joined the team last year, and he told me it was fun. He suggested that I join, too. We have a tournament with many other schools next Saturday, so I'm excited about that. I like playing soccer, but we have to train very hard. Our coach gets angry when we make mistakes. Do you think all young people should play sports?

質問

下線部に関する補足情報

Your friend,
Jacob

【訳】
こんにちは！
ねえ聞いて。僕は高校のサッカーチームに入ったよ。僕の兄が昨年そのチームに入り，彼がそれは楽しいと僕に教えてくれて。彼は僕も入ることを提案したんだ。僕たちは次の土曜日に他の多くの学校とのトーナメントがあるので，僕はそれにわくわくしているよ。僕はサッカーをするのが好きだけど，すごく一生懸命練習しなければならないんだ。僕たちのコーチは僕たちがミスをすると怒るよ。君は若い人はみんなスポーツをすべきだと思う？
あなたの友人，
ジェイコブ

〈解答の手順〉

❶ メールに対する感想を述べます。

下線部についていきなり質問をするのはメールとして不自然なので，下線部の事柄に対する感想を述べてから質問に入るとスムーズです。

（例）

· **It's great you joined the soccer team!** （あなたがサッカーチームに入ったのはすごいね！）

❷ 下線部（the soccer team）に対する具体的な質問を2つ書きます。

　下線部についての質問を2つ考えますが，「具体的な質問」とあるので，Wh 疑問詞や How などの疑問詞を使った質問もあるとよいでしょう。例題の下線部は the soccer team なので，チームの人数，練習内容，試合についての質問などが考えられます。

（例）

・ **Do you practice after school in the team?** （あなたはチームで放課後に練習するの？）

・ **How many students are on your team?** （あなたのチームには何人の生徒がいるの？）

✓ 下線部に対する質問をするとき，メールを読んでわかる情報については尋ねないように注意。

✕ **Why did you join the team?** →メールの第3〜4文からわかることなので✕

✕ **Is your training hard?** →メールの第6文からわかることなので✕

❸ メールでたずねられた質問に対する返答を書きます。

　メール最終文にある質問（Do you think all young people should play sports?）に対する自分の意見と，そう考える根拠や具体例などの補足情報を考えます。

（例）	「スポーツをするべき」と書く場合	「スポーツをするべきではない」と書く場合
理由	健康的になれる	運動が苦手な人に強制すべきではない
補足	チームワークも学べる	得意な分野をのばすのに時間を使うべき

〈解答例〉

Hi, Jacob!
Thank you for your e-mail.

It must be fun to play soccer with your brother. ──❶
How often do you have matches? And is your team strong? ──❷
About your question, I think all young people should play sports because it's important to stay healthy. Sports also teach people about teamwork. (44 語) ──❸

Best wishes,

【訳】
お兄さんといっしょにサッカーをするのは楽しいことでしょうね。どれくらいの頻度で試合があるの？　それから，あなたのチームは強いの？　あなたの質問について，健康でいるのは大切だから，若い人はみんなスポーツをするべきだと私は思うよ。スポーツは人々にチームワークについて教えてもくれるし。

書き終わったら，ざっと読んで，ミスがないか確認しましょう。ポイントは以下の通りです。

☐下線部についての具体的な質問が2つ書けているか（メールからわかる情報は尋ねない）
☐メールの質問に対する返答が述べられているか（自分の意見と，そう考える根拠や具体例を含める）
☐同じ単語や言い回しが繰り返されていないか（なるべくバリエーションを持たせる）
☐文法や綴りのミスがないか（動詞の時制，三人称単数の -s，前置詞や代名詞など）
☐指定の語数の目安を守れているか

やってみよう!

解答解説 ➡ 別冊 p.24

- あなたは，外国人の知り合い（Natasha）から，E メールで質問を受け取りました。この質問にわかりやすく答える返信メールを，□□に英文で書きなさい。
- あなたが書く返信メールの中で，Natasha の E メール文中の下線部について，あなたがより理解を深めるために，下線部の特徴を問う具体的な質問を 2 つしなさい。
- あなたが書く返信メールの中で□□に書く英文の語数の目安は 40 語〜 50 語です。
- 解答欄の外に書かれたものは採点されません。
- 解答が Natasha の E メールに対応していないと判断された場合は，0 点と採点されることがあります。Natasha の E メールの内容をよく読んでから答えてください。
- □□の下の Best wishes, の後にあなたの名前を書く必要はありません。

Hi!

Guess what! I started taking guitar lessons at a music school in my town. I wanted to learn the piano, but my mom said pianos are too expensive. She suggested playing the guitar instead. I've learned two songs, so I'll play them when you come to my house. Learning the guitar is fun, but my teacher is strict. She says I must practice every day. Do you think all young people should learn to play a musical instrument?

Your friend,
Natasha

Hi, Natasha!

Thank you for your e-mail.

> 解答欄に記入しなさい。

Best wishes,

Hi, Natasha!

Thank you for your e-mail.

解答欄

〈感想〉

〈質問1〉

〈質問2〉

〈質問に対する自分の意見〉

〈補足（根拠・具体例）〉

英作文問題の基本的な構成と使える表現

筆記 6 の「ライティング（英作文）」は意見論述問題で，与えられた **QUESTION** に対し，自分の意見を 50 語〜 60 語の英語で書く問題です。例題と解答例を見ながら英作文の基本的な構成をおさえましょう。

〈例題〉　　　　　　　　　　　　　　　　　　※実際の試験の問題文はそっくり模試（p.131）を参照。

● **QUESTION** について，あなたの意見とその理由を 2 つ英文で書きなさい。

● 語数の目安は 50 語〜 60 語です。

QUESTION
Do you think children should be allowed to have smartphones?

〈解答例〉　　　　　[Question に対する自分の意見をまず述べる]　　　　〈英作文の基本的な構成〉

<u>I think</u> children should be allowed to have smartphones.　　── 意見
子供たちはスマートフォンを持つのを許されるべきだ [と私は思います]。

<u>First</u>, many children do after-school activities.
[第一に]，多くの子供たちは放課後の活動をしています。

It is convenient for both parents and children to be able　　　　理由 1
to contact each other anytime.　　　　　　　　　　　　　　　　＋裏付け・具体例
いつでも互いに連絡をとれるのは，親にとっても子供にとっても便利です。

　　　　　　　　　　　　　　　　　　　　　　　　　[理由を 2 つ述べる]

<u>Second</u>, children will feel safe.
[第二に]，子供たちは安心するでしょう。　　　　　　　　　　　理由 2
　　　　　　　　　　　　　　　　　　　　　　　　　　　　　　＋裏付け・具体例
If they are in trouble, they can ask for help using their
smartphones.　　問題があったら，スマートフォンを使って助けを求めることができます。

　　　　　　　　　　[第 1 文の意見と同じ内容]

<u>Thus</u>, children should be allowed to have smartphones.　　　結論
[したがって]，子供はスマートフォンを持つのを許されるべきです。　（58 語）　（※省略可）

英作文問題では上の解答例の　　部分のような表現を使って，順序立てて意見を述べましょう。
他にも次のような表現が使えるので，覚えておきましょう。

● **意見を述べるときに使える表現**

I think [believe] that ...　私は…と思います　　I don't think [believe] that ...　私は…と思いません

● **理由や具体例を述べるときに使える表現**

[理由 1]　First　第一に　　First of all / To begin with　まず第一に
　　　　　One reason is that ...　1 つの理由は…

[理由 2]　Second / Next　第二に，次に　　Also　また　　Another reason is that ...　もう 1 つの理由は…

[具体例]　For example [instance]　例えば

● **結論を表すときに使える表現**

Therefore / Thus　したがって　　That is why I think ...　そんなわけで私は…と思います
For these reasons, I think ...　これらの理由で私は…と思います

やってみよう！

解答解説 ➡ 別冊 p.24 〜 25

以下の QUESTION について，意見とその理由を 2 つ述べた英文になるよう，①〜④に適切な語句を書き入れなさい。

※実際の試験は空所補充ではなく，以下の〈　〉内の文字や日本語訳もありません。すべて記述式です。

QUESTION

Do you think students should learn how to dance at school?

〈意見〉生徒たちは学校でダンスの仕方を学ぶべきだ（と私は思います）

(①　　　　　　　　　　　　　　　) students should learn how to dance at school.

〈理由 1〉（（まず）第一に）ダンスをすることはよい運動になります　　　　　　　〈裏付け〉それは

(②　　　　　　　　　　　　　), dancing can be a good exercise. It can help

生徒が健康的でいるのに役立ちます　〈理由 2〉（（第二に／次に／また）それはコミュニケーション能力を向上させます

students stay healthy. (③　　　　　　　　　　), it can improve communication

〈裏付け〉団体でダンスをすることによって，彼らは互いに協力することを学べます

skills. By dancing in a group, they can learn to cooperate with one another.

〈結論〉（したがって／これらの理由で）生徒たちは学校でダンスの仕方を学ぶべきだと私は思います

(④　　　　　　　　　　　　　), I think students should learn how to dance at

---

school.

意見を論理的に述べる

【筆記6】ライティング（英作文）〜理由の述べ方〜

英作文問題では，いきなり英文を書くのではなく，自分の立場とその根拠となる要素を組み立ててから書きましょう。次の例題で，考え方を見てみましょう。

〈例題〉　　　　　　　　　　　　　　※実際の試験の問題文はそっくり模試（p.131）を参照。

● QUESTION について，あなたの意見とその理由を2つ英文で書きなさい。

● 語数の目安は50語〜60語です。

> 理由は1文では不十分なので，理由を裏付ける文も書く

QUESTION

Do you think it is better to live in the city or in the country?

---

❶　理由を考えます。自分の意見をどちらかに決めてから理由を挙げていってもいいですし，両方の意見について挙げてみて，英語で書けそうな理由を2つ挙げられた方を選ぶのも手です。

（例）	「都会に住むのがいい」と書く場合	「田舎に住むのがいい」と書く場合
理由	・買い物に便利 ・できる活動が多い ・交通の便がよい	・自然が多い ・ ・

> 「自分は田舎が好きだから」のような個人的なことではなく，客観的事実を挙げるようにしよう。

❷　書きやすそうな理由を2つ選んだら，それを裏付ける説明や具体例も含めて英語にします。

理由1　it is convenient for shopping　（買い物に便利）
there are many shops of various kinds　（たくさんのさまざまな店がある）

理由2　there are a lot of activities for people to do　（できる活動が多い）
a variety of events, art museums, amusement parks　（さまざまなイベント, 美術館, 遊園地）

〈解答例〉

I think it is better to live in the city. First, it is convenient for shopping. There are many shops of various kinds. Second, there are a lot of activities for people to do. For example, they can participate in interesting events, visit art museums, or go to amusement parks. Therefore, I think living in the city is better. (59 語)

【訳】質問　　都会と田舎では，どちらに住むのがよいと思いますか。
私は都会に住む方がよいと思います。第一に，それは買い物に便利です。たくさんのさまざまな店があります。第二に，人々ができる活動がたくさんあります。例えば，興味深いイベントに参加したり，美術館を訪れたり，遊園地に行ったりできます。だから私は都会に住む方がよいと思います。

✓ 同じフレーズの繰り返しは避けた方が，よりよい英文になります。上の解答例では，第1文では質問文の表現をそのまま使い，最終文では次のように言い換えています。

（第一文＝質問文の表現）**it is better to live in the city**

⇒（解答例最終文）I think **living in the city is better.** ＜ 動名詞を主語にして言い換え

やってみよう！

解答解説 ➡ 別冊 p.25

以下の QUESTION について，意見とその理由を 2 つ述べた英文になるよう，①，②に適切な
英文を下の **1 ～ 6** から選んで英語で書き入れなさい。

※実際の試験は選択式ではなく，以下のような〈　〉内の文字もありません。すべて記述式です。

QUESTION
Do you think it is good for elementary school children to use computers in class?

〈意見〉
I think it is good for children to use computers in elementary schools.

〈理由 1〉
First, (①　　　　　　　　　　　　　　　　　　　　　　　　　　　　　　　　　　　　）.

〈裏付け〉
Children can become familiar with computers by using them in class.

〈理由 2〉
Second, (②　　　　　　　　　　　　　　　　　　　　　　　　　　　　　　　　　　　）.

〈裏付け〉
Various kinds of functions will make their studies more exciting.

〈結論〉
Thus, I think using computers in class is good for children.

1　they have a lot of homework to do
2　they will enjoy their classes more
3　computer games are fun for elementary school children
4　there are not enough teachers who can use computers
5　computer skills are important in today's society
6　there are not enough computers at schools

英作文問題のトピック別攻略

【筆記6】ライティング（英作文）～質問パターンとテーマ例，チェック項目～

よく出題される英作文問題の質問パターンとテーマ例を見ておきましょう。それぞれ自分の意見と理由を思い浮かべながら確認しましょう。

● **賛成か反対かを選ぶパターン**

質問例　Do you think it is good [important] for students to ...?
…することは生徒にとってよい［重要だ］と思いますか。

Do you think people should *do* ...?・・・・・　この部分に対し，賛成か反対かを答える
人々は…すべきだと思いますか。

賛成の解答例　I think that students should ...　私は生徒は…べきだと思います。
I agree.　賛成です。　　I agree with the idea that ...　…という考えに賛成です。
Yes, I think so.　はい，そう思います。　質問は Do you ...? なので Yes/No で立場を述べることもできる。語数に応じて調整しよう

反対の解答例　I don't think that people should ...　私は…べきではないと思います。
No, I don't think so.　いいえ，そう思いません。　　I disagree.　反対です。
I doubt (that) ...　私は…ではないと思います。
I'm against the idea of ～ing　～するという考えに反対です。

テーマ例：スポーツすることは子供にとって重要か，生徒はコンピュータを学校で習うべきか

● **2つのどちらかを選ぶパターン**

質問例　Do you think it is better for children to *do A or B*?
子供にとって A するのと B するのではどちらがよいと思いますか。

A or B のどちらかを選んで答える

解答例　I think A [B] is better.　私は A [B] の方がよいと思います。

テーマ例：アパートと一軒家ではどちらがよいか，グループ学習と1人で勉強するのはどちらがよいか

● **疑問詞で始まるパターン**

質問例　What is the best age for people to get a smartphone?
人々がスマートフォンを買うのに最適なのは何歳ですか。　What is the best age ...? なので，具体的な年齢を答える

解答例　I think 15 is the best age.　私は 15 歳が最適な年齢だと思います。

テーマ例：英語を学び始めるのに最適なのは何歳か

英文を書き終わったら，全体をざっと読み，ミスがないか確認することが重要です。確認すべきポイントは以下の通りです。

□質問に対する自分の考えや意見がはっきり述べられているか（賛成か，反対かなど）
□理由が2つ述べられているか（個人的好みではなく，客観的事実を含むようにする）
□質問の答えになっているか（理由や具体例が冒頭の自分の意見に沿っているか）
□スムーズな流れになっているか（自分の立場と反対の意見やあいまいな主張や質問に関係のないことを入れない）
□同じ単語や言い回しが繰り返されていないか（なるべくバリエーションを持たせる）
□文法や綴りのミスはないか（動詞の時制，三人称単数の -s，前置詞や代名詞など）
□指定の語数におさまっているか（多い場合は省略できるところを探す）

筆記　　　　　　　　　　　リスニング
1　2　3　4　5　6　1　2　3

単熟語

文法

会話表現

長文読解

ライティング

リスニング

やってみよう！

解答解説 ➡ 別冊 p.25 ～ 26

● あなたは，外国人の知り合いから以下の QUESTION をされました。

● QUESTION について，あなたの意見とその理由を 2 つ英文で書きなさい。

● 語数の目安は 50 語～ 60 語です。

● 解答は，下の解答欄に書きなさい。

● 解答が QUESTION に対応していないと判断された場合は，0 点と採点されることがあります。QUESTION をよく読んでから答えてください。

※実際の英検の試験には〈意見〉…のような注意書きは書かれていません。また，〈結論〉は省略可能です。

QUESTION
Do you think it is good for students to work part-time?

〈意見〉〈理由 1〉〈裏付け〉〈理由 2〉〈裏付け〉〈結論〉の順に注意して書きましょう。

5

● あなたは，外国人の知り合い（Saphina）から，E メールで質問を受け取りました。この質問にわかりやすく答える返信メールを，□□に英文で書きなさい。

● あなたが書く返信メールの中で，Saphina の E メール文中の下線部について，あなたがより理解を深めるために，下線部の特徴を問う具体的な質問を 2 つしなさい。

● あなたが書く返信メールの中で□□に書く英文の語数の目安は 40 語～ 50 語です。

● 解答欄の外に書かれたものは採点されません。

● 解答が Saphina の E メールに対応していないと判断された場合は，0 点と採点されることがあります。Saphina の E メールの内容をよく読んでから答えてください。

● □□の下の Best wishes, の後にあなたの名前を書く必要はありません。

Hi!

Guess what! My grandfather bought me an action camera for my birthday. The camera is very small, so I can wear it on my head. I like taking videos when I go snowboarding and sharing them with my friends. I'm sending you a video I took last weekend. Action cameras are convenient, but there's a problem. They cost a lot of money to buy. Do you think action cameras will become more popular in the future?

Your friend,
Saphina

Hi, Saphina!

Thank you for your e-mail.

解答欄に記入しなさい。

Best wishes,

解答欄

ここを見直し！　Lesson 24・25

6

● あなたは，外国人の知り合いから以下の QUESTION をされました。

● QUESTION について，あなたの意見とその<u>理由を 2 つ</u>英文で書きなさい。

● 語数の目安は 50 語～ 60 語です。

● 解答は，次のページの解答欄に書きなさい。

● 解答が QUESTION に対応していないと判断された場合は，<u>0 点と採点されることがあ</u><u>ります。</u> QUESTION をよく読んでから答えてください。

QUESTION
What is the best age to start using a smartphone?

解答欄

【リスニング 1】会話の応答選択問題－解き方のコツ，応答に使われる表現

リスニング第 1 部は短い会話の応答選択問題です。選択肢は印刷されていないので，<u>会話の状況や話題，2 人の関係を素早く把握すること</u>が大切です。例題で解き方のコツをおさえましょう。

☆：Hey, honey. What are we going to do tomorrow?
└── honey と呼びかけているので，夫婦や恋人同士だとわかる。

★：How about going to the movies?

☆：Sounds good. What kind of movie
do you want to watch?
└── What kind of 「どんな種類」の映画かを尋ねる疑問文

1 I'll be in front of the theater.
2 The movie probably starts at 10.
3 A science-fiction movie would be nice. ── 映画の種類について答えている **3** が正解。

❶冒頭の問いかけで 2 人の関係をすばやくキャッチ！
呼びかけや決まり文句をヒントに会話している 2 人の関係をすばやく把握しよう。

❷最後の発言に注目！
最後の発言に対する応答を選ぶ問題なので，特に注意して聞こう。

【訳】 ☆：ねえ，あなた。明日は何をしようか。
★：映画を見に行くのはどう？
☆：いいわね。どんな種類の映画が見たいの？
1 僕は映画館の前にいるだろう。
2 映画はおそらく 10 時に始まるよ。
3 SF 映画がいいな。

✔ 例題のように疑問詞（What kind of ～?）に対応する応答が正解になることもありますが，次のような応答が正解になることもあります。形式だけでなく内容を判断して答えを選びましょう。

（例）★：Actually, I haven't decided yet.
「わからない」や「まだ決めていない」など，あいまいな応答になることもある。

状況をとらえるヒントとなる呼びかけや応答によく使われる表現を，聞いてわかるようにしておきましょう。

● **呼びかけ**

| 家族・友人 | Hey, John. ねえ，ジョン。　Dad / Mom お父[母]さん　You know what. / Listen. ねえ，聞いて。 |

| 見知らぬ人 | Sir / Ma'am. お客さま　Excuse me. すみません。 |

| 職業名 | waiter ウエーター　officer お巡りさん |

● **応答**

| 誘いや申し出を受けて | That's nice. / (That) Sounds good [great]. いいね。
I'd love to. 喜んで。　That's a good idea. それはいい考えだね。
Of course. / Sure. もちろん。
That's very kind of you. ご親切にどうも。 |

| 感謝や謝罪を受けて | No problem. 問題ないよ。　That's OK [fine]. 大丈夫。
Don't worry. 気にしないで。　Don't mention it. お礼なんていいよ。 |

| よくない内容を受けて | That's too bad. お気の毒に。
I'm afraid so [⟷ not]. 残念ながらそのようです [そうではありません]。 |

やってみよう！

解答解説 ➡ 別冊 p.28 ～ 29

対話を聞き，その最後の文に対する応答として最も適切なものを，放送される **1**，**2**，**3** の中から一つ選びなさい。

♪ 22

(1) ～ (4) は選択肢もすべて放送されます。

(1)	(2)	(3)	(4)
① ② ③	① ② ③	① ② ③	① ② ③

質問文を聞き取る

🎵 **23**

【リスニング2】会話の内容一致選択問題－解き方のコツ，質問文のパターン

リスニング第2部は2人の会話を聞き，質問に対する適切な答えを4つの選択肢から選ぶ形式です。選択肢に目を通し，会話と質問を予想してから聞くのがコツです。例題を見てみましょう。

❶選択肢に目を通す！
音声が流れる前に選択肢から，主語と聞き取りのポイントとなる語句を把握しておく。

（選択肢）

1 She prefers another color.　　**2** She doesn't like the design.

これらの語句から，洋服店での会話と推測。

3 She wants a bigger size.　　**4** She left it in the fitting room.

主語はすべて She ⇒女性について問われると予測できる。

（放送文）

❷場面を思い浮かべながら聞く！
会話の場面や2人の関係をイメージしながら聞く。

★：Can I help you?

「いらっしゃいませ」は店員の決まり文句⇒男性は店員

☆：Yes, please. I tried on this blue skirt, but it's a little tight.
　　Do you have a bigger one?

女性は青のもっと大きいスカートが欲しい。

★：Let me check that for you. Could you wait here for a moment?

☆：Sure. Thank you.

❸質問文を聞き取る！
疑問詞，時制，主語に注意して聞き取ろう。

Question：What is one thing the woman says about the skirt?

質問は「女性が言っていること」⇒女性の最初の発言から **3** が正解。

【選択肢訳】
1 彼女は別の色の方が好きだ。
2 彼女はデザインが好きではない。
3 彼女はもっと大きいサイズが欲しい。
4 彼女はそれを試着室に置いてきた。

【訳】★：何かお手伝いしましょうか。（いらっしゃいませ）
　　☆：はい，お願いします。この青いスカートを試着したのですが，ちょっときつくて。もっと大きいのはありますか。
　　★：お調べします。ここで少々お待ちいただけますか。
　　☆：もちろんです。ありがとう。
　　質問：スカートについて女性が言っていることの1つは何ですか。

よく出題される質問文を頭に入れておくと，質問の予測や聞き取りがしやすくなります。パターン別に整理しておきましょう。

● **未来の行動を問う質問**

主語が男女どちらなのか取り違えないようにしよう

What will the man probably do (next)?　男性はおそらく（次に）何をしますか。

What does the woman say she will do?　女性は何をするつもりだと言っていますか。

● **発言や状況を問う質問**

質問の主語や目的語に人名が入ることもあるので注意

What does Sam's mother tell him to do?　サムの母親は彼に何をするよう言っていますか。

What does the girl tell the boy about ～?　～について女の子は男の子に何と言っていますか。

What is one thing we learn about Meg?　メグについてわかることの1つは何ですか。

What is the woman's problem?　女性の問題は何ですか。

● **理由や手段を問う質問**

時制（過去・現在・未来）にも注意

Why did [didn't] the woman call the man?　女性はなぜ男性に電話しましたか[しませんでしたか]。

How will the boy do ～?　男の子はどのようにして～するつもりですか。

やってみよう！

解答解説 ⇒ 別冊 p.29 〜 30

対話を聞き，その質問に対して最も適切なものを **1，2，3，4** の中から一つ選びなさい。

♪ 24

(1) **1** He forgot to bring his textbooks home.
　　2 He fell asleep the night before the test.
　　3 He didn't know which part to study.
　　4 He didn't study because he was sick.

(2) **1** He wants a scarf which can be washed at home.
　　2 He thinks the silk scarf is too expensive.
　　3 His mother already has a silk scarf.
　　4 His mother wants a popular scarf.

(3) **1** She played the piano with Megan.
　　2 She did some shopping with Megan.
　　3 Megan is older than her.
　　4 Megan is good at cooking.

(4) **1** Cut some bread.
　　2 Make fresh orange juice.
　　3 Go shopping for his mother.
　　4 Drink some soda.

(1)	(2)	(3)	(4)
① ② ③ ④	① ② ③ ④	① ② ③ ④	① ② ③ ④

単熟語　文法　会話表現　長文読解　ライティング　リスニング

【リスニング2】会話問題の場面別定型表現

会話の場面や状況が把握できると内容も聞き取りやすくなります。第2部で出題される電話や日常場面で使われる定型表現を覚えておきましょう。

● **電話での決まった表現**

電話をかけている人	This is ～.	～と申します。
	May I speak to ～?	～さんをお願いできますか。
電話を受けた人	Hello, ～（名前や会社名）.	もしもし，～です。
	Shall I take a message?	伝言をお預かりしましょうか。
	Will you call back later?	後ほどお電話いただけますか。

● **家庭での会話表現**

I'm home. ただいま。　　　　　　　Dinner's ready. 夕食ができたよ。
It's time for bed. もう寝る時間だよ。

買い物・レストラン・ホテルなどでの会話もよく出題されます。以下のような表現を聞いて，場面がすぐ思い浮かべられるようにしましょう。

● **買い物で使われる表現**

店員	Welcome to ～.	～へようこそ。	Can I help you?	いらっしゃいませ。
客	I'm looking for ～.	～を探しています。	I'll take it.	それをいただきます。
	Do you have any ～?	～はありますか。		

● **レストランで使われる表現**

店員	Are you ready to order?	ご注文はお決まりですか。	Here's your check.	こちらがお会計です。
	Can I get you anything else?	他に何かいかがですか。		
客	I have a reservation.	予約してあります。	Table for two, please.	2人分の席をお願いします。

● **ホテルで使われる表現**

受付係	Could [May] I have your name, please?	お名前をいただけますか。
	I'll send someone to your room right away.	すぐにお部屋に誰かを向かわせます。
客	I'd like to check in.	チェックインしたいのですが。

第2部では，駅などの場所を聞いたり，交通手段を尋ねたりする会話も出題されます。道案内に使える定型表現をおさえましょう。

道を尋ねている人	Can you tell me how to get to ～?	～への行き方を教えてもらえますか。
	Is there ～ near here?	この近くに～はありますか。
道を教えている人	Turn right at ～.	～で右に曲がりなさい。
	Go straight.	まっすぐ行きなさい。
	It's on your left.	それは左手にあります。

やってみよう！

解答解説 ➡ 別冊 p.30 ～ 32

対話を聞き，その質問に対して最も適切なものを **1**，**2**，**3**，**4** の中から一つ選びなさい。

🎵 26

(1) **1** The hospital will close soon.
　　2 The son got injured.
　　3 They live far away from the hospital.
　　4 They will go to the hospital on foot.

(2) **1** Pay for the dress.
　　2 Buy two dresses.
　　3 Try on some dresses.
　　4 Attend a party.

(3) **1** Walk back to the hotel.
　　2 Buy some flowers.
　　3 Send a letter to his friend.
　　4 Find a post office.

(4) **1** A pineapple chicken burger.
　　2 Fish and chips.
　　3 A chicken salad.
　　4 The special seasonal drink.

(1)	(2)	(3)	(4)
① ② ③ ④	① ② ③ ④	① ② ③ ④	① ② ③ ④

対話を聞き，その最後の文に対する応答として最も適切なものを，放送される **1**，**2**，**3** の中から一つ選びなさい。

🎵 27

(1) ～ (4) は選択肢もすべて放送されます。

(1)	(2)	(3)	(4)
① ② ③	① ② ③	① ② ③	① ② ③
Lesson 29・31	Lesson 29	Lesson 29・31	Lesson 29

ここを見直し！

対話を聞き，その質問に対して最も適切なものを **1**，**2**，**3**，**4** の中から一つ選びなさい。

(5) **1** He has asked for the wrong person.
2 He has dialed a wrong number.
3 He cannot find his friend's house.
4 He does not know his friend's number.

(6) **1** He missed the bus.
2 He returned home to get his lunch.
3 He forgot to see his teacher.
4 He didn't bring his homework.

(7) **1** Call the store later today.
2 Buy *Wildlife Species* online.
3 Come to the store early tomorrow.
4 Get a calendar at a special price.

(8) **1** Buy a chicken pie.
2 Make a salad.
3 Grill some chicken.
4 Cook some beef.

(5)	(6)	(7)	(8)
① ② ③ ④	① ② ③ ④	① ② ③ ④	① ② ③ ④
Lesson 30・31	Lesson 30	Lesson 31	Lesson 30・31

単熟語　文法　会話表現　長文読解　ライティング　リスニング

選択肢から聞き取りの
ポイントをしぼる

🎵 **29**

【リスニング3】説明文の内容一致選択問題①－解き方のコツ，質問文のパターン

リスニング第3部は短い説明文やアナウンス・人物のエピソードを聞いて，その内容に関する質問の答えを4つの選択肢から選ぶ形式です。まず例を見て，聞き取るポイントをおさえましょう。

（選択肢）
1 They are only found in the <u>deserts</u>.
　　　　　　　　　　　　　　　　　　砂漠

❶選択肢に目を通す！
放送文が流れる前にキーワードから説明文の話題と質問を予測しよう。

2 They prefer to live in the <u>mountains</u>.
　　　　　　　　　　　　　　　　　山

3 They can <u>produce noises</u> with their <u>tails</u>.
　　　　　　　音を出す　　　　　　　しっぽ

下線の語句から，何か（動物）の生息地や生態についての質問だと推測する。

4 They <u>shake their heads</u> when in danger.
　　　　　頭を振る

1 砂漠でしか見つからない。
2 山で暮らすことを好む。
3 しっぽで音を出せる。
4 危険なときに頭を振る。

（放送文）

❷最初の文に注目！
説明文が何［誰］についてのものか把握しよう。

Rattlesnakes are a kind of snake that lives in North and South America.
　　└── トピックは rattlesnake というヘビの一種について

They are found in many habitats such as deserts, rainforests, and
　　　　　└── 生息地の説明⇒たくさんの所で見つけられる

mountains. Adult rattlesnakes have a rattle at the tip of their tail. When

they sense danger near them, they make sounds by shaking it.
　　　　　　　　　　　　　　それ（しっぽ）を振ることで音を出す⇒3が正解

わからなくても気にしない！
= tail

Question : What is one thing we learn about rattlesnakes?

❸質問文を聞いて正解を選ぶ
選択肢のキーワードに注意して聞き進め，内容が一致する選択肢を選ぼう。

【訳】　ガラガラヘビは南北アメリカに住んでいるヘビの一種だ。それらは砂漠，熱帯雨林，山などたくさんの生息地で見つけられる。大人のガラガラヘビはしっぽの先にガラガラがついている。危険が近くにあると感じると，それを振って音を出すのだ。
質問：ガラガラヘビについてわかることの1つは何ですか。

第3部でよく問われる質問のパターンを，英文のジャンル別に見てみましょう。

● **ある人物の日常のエピソードで問われる質問**

人名は放送文の冒頭に出てくることが多いので注意して聞こう。

What does [did] 人名 do ...?　　　　　人名 は…何をします［しました］か。

What problem does [did] 人名 have?　　人名 にはどんな問題があります［ありました］か。

How did 人名 become interested in 〜 ?　どのようにして 人名 は〜に興味を持ちましたか。

Why did 人名 do ...?　　　　　　　　　人名 はなぜ…しましたか。

● **アナウンス・講義で問われる質問**

What does the speaker tell the students?　話者は生徒たちに何と言っていますか。

What is one thing that the speaker says?　話者が言っていることの1つは何ですか。

● **文化・歴史・生物などについての説明で問われる質問**

What is one thing that ...? パターンの質問は全体について聞いているので，1つ1つ選択肢を確認しよう。

What is one thing that we learn about 〜 ?　〜についてわかることの1つは何ですか。

What happened to 〜 in 19XX?　　　　19XX 年に〜に何が起こりましたか。

やってみよう！

解答解説 ➡ 別冊 p.34 〜 35

英文を聞き，その質問に対して最も適切なものを **1，2，3，4** の中から一つ選びなさい。

🎵 30

(1) **1** He asked his neighbors to feed his goldfish*¹.
   2 He looked after his neighbors' goldfish.
   3 He bought twenty goldfish during his summer vacation.
   4 He painted tanks in different colors for some goldfish.

(2) **1** He had difficulty in recognizing his luggage.
   2 He had to pick up his heavy luggage.
   3 He had to wait in line for a long time.
   4 He had difficulty in filling out forms.

(3) **1** They are afraid of humans.
   2 They can only live a couple of years.
   3 They are very intelligent.
   4 They are noisy like a vacuum cleaner*².

(4) **1** The game has been put off till Saturday.
   2 The team lost an important game.
   3 Students should check the weather before the game.
   4 The start of the game has moved to afternoon.

【注】 *1 goldfish 金魚　*2 vacuum cleaner 掃除機

(1)	(2)	(3)	(4)
① ② ③ ④	① ② ③ ④	① ② ③ ④	① ② ③ ④

単熟語　文法　会話表現　長文読解　ライティング　リスニング

説明文の種類と重要表現

🎵 31

【リスニング 3】説明文の内容一致選択問題②－人物の日常，アナウンス，説明文で使う表現

第3部では，ある人物の日常についての英文が約6割，アナウンスが約2割，説明文が約2割出題されます。**人物の日常**については，どんなことをしている［した・しようとしている］かが説明されるので，以下のような時を表す表現に注意して聞きましょう。

● **過去を表す表現**

Last week [month, year] 先週［先月，昨年］　　　　～ weeks [days] ago ～週間［日］前

● **現在（いつものこと，習慣）を表す表現**

usually たいてい　　　recently 最近　　　every day [week, month, year] 毎日［毎週，毎月，毎年］

● **未来を表す表現**

next week [month, year] 来週［来月，来年］　　　in his [her] next class 彼［彼女］の次の授業で

アナウンスでは冒頭の呼びかけがヒントになります。誰に対する，どのような目的のアナウンスなのかをつかみ，聞き手になったつもりで聞きましょう。

● **呼びかけの表現**

聞き手は
スーパー・店の客や乗客

Attention, customers.　　　　　　　　　　　お客さま，ご注目ください。
Good afternoon, shoppers [passengers].　　買い物客［乗客］の皆さん，こんにちは。
Thank you for coming to ～ .　　　　　　　～にお越しいただきありがとうございます。
Good morning, class [students].　　　　　　クラス［生徒］の皆さん，おはようございます。

聞き手は生徒

● **アナウンスの目的を知らせる表現**

We would like to announce that ...　　　　　…ということをお知らせします。
I'm going to show you how to ...　　　　　…の仕方を教えます。
Please remember [We'd like to remind you] that ... …ということを覚えておいてください。

外国の歴史や文化，生物などについての説明文では，聞きなれない単語が出てきても，a dish called ～（～と呼ばれる料理），a kind of fish called ～（～と呼ばれる魚の一種）などと説明があるので，焦らずに聞きましょう。説明文によく出てくる表現を見てみましょう。

～ is a kind of animal that ...　　～は…動物の一種だ。
It is said that ...　　　　　　　　…と言われている。
According to recent research　　最近の研究によると
Scientists found out that ...　　科学者たちは…ということを見つけた。

やってみよう！

解答解説 ➡ 別冊 p.35 ～ 37

英文を聞き，その質問に対して最も適切なものを **1**，**2**，**3**，**4** の中から一つ選びなさい。

🎵 32

(1)　**1**　The store will close in an hour.
　　2　Customers should use discount coupons.
　　3　Fruit and vegetables will be on sale.
　　4　All items will be discounted.

(2)　**1**　The school concert has been put off until next Friday.
　　2　Each student must buy four tickets for their family.
　　3　Concert tickets are limited to four family members.
　　4　Students must receive their tickets they need by tomorrow.

(3)　**1**　To make the igloos strong.
　　2　To keep the design perfect.
　　3　To maintain the Finnish*¹ style.
　　4　To keep the roof clear of snow and ice.

(4)　**1**　They have lived in the country for many years.
　　2　They have a large garden and grow vegetables.
　　3　They enjoy planting and gardening with their neighbor.
　　4　They buy some fresh vegetables every day.

【注】 *1 Finnish フィンランドの

(1)	(2)	(3)	(4)
① ② ③ ④	① ② ③ ④	① ② ③ ④	① ② ③ ④

英文を聞き，その質問に対して最も適切なものを **1**，**2**，**3**，**4** の中から一つ選びなさい。

🎵 33

(1) **1** The flight will be delayed.
   2 It is cloudy in Brussels.
   3 Food and drinks will be offered soon.
   4 Passengers will receive magazines.

(2) **1** Get a job in Europe.
   2 Go to Spain with his family.
   3 Start learning Spanish.
   4 Study architecture.

(3) **1** He speaks very quickly.
   2 His writes too quickly.
   3 He gets hurt and angry.
   4 He discusses problems.

(4) **1** He didn't buy the tickets.
   2 He was absorbed in the movie.
   3 Kate bought him a new wallet.
   4 He thought he had left it in Kate's car.

(1)	(2)	(3)	(4)
① ② ③ ④	① ② ③ ④	① ② ③ ④	① ② ③ ④

ここを見直し！ ▶ Lesson 32・33　Lesson 32　Lesson 32　Lesson 32

(5)　**1** Harry's mother ordered a special curry.
　　　2 Harry's friend returned from Japan.
　　　3 His family surprised Harry.
　　　4 Harry ate a lot of curry.

(6)　**1** Growing plums.
　　　2 Making plum syrup.
　　　3 Making plum pickles.
　　　4 Collecting honey.

(7)　**1** It maintains the earth's temperature.
　　　2 It lowers the sea level.
　　　3 It helps plants grow.
　　　4 It affects humans and animals.

(8)　**1** It attacks other animals.
　　　2 It releases a red liquid.
　　　3 It runs away quickly.
　　　4 It stops moving.

(5)	(6)	(7)	(8)
① ② ③ ④	① ② ③ ④	① ② ③ ④	① ② ③ ④
Lesson 32	Lesson 32・33	Lesson 32	Lesson 32・33

準2級の面接試験では，英文（パッセージ）とイラストが掲載された問題カードについて，音読と5つの質問への回答が求められます。まずは対面式の面接の流れを確認しましょう。

🕐 面接試験時間　約6分

1　入室とあいさつ

係員の指示に従い，面接室に入ります。
あいさつをしてから，面接委員に面接カードを手渡し，
指示に従って着席します。

2　氏名と受験級の確認

面接委員があなたの氏名と受験する級を確認します。その後，簡単なあいさつをしてから試験開始です。

3　問題カードの黙読

英文とイラストが印刷された問題カードを手渡されます。まず，英文を20秒で黙読するよう指示されます。英文の分量は50語程度です。

4　問題カードの音読

英文の音読をするように指示されるので，タイトルから読みましょう。意味のまとまりごとにポーズをとり，焦らず正確に読むことを心がけましょう。

5　5つの質問

音読の後，面接委員の5つの質問に答えます。No.1〜3は問題カードの英文とイラストについての質問です。No.4・5は受験者自身についての質問です。No.3の質問の後，カードを裏返すように指示されるので，No.4・5は面接委員を見ながら話しましょう。

6　カードの返却と退室

試験が終了したら，問題カードを面接委員に返却し，あいさつをして退室しましょう。

続いて面接試験の問題形式を確認しましょう。

Food Banks

Nowadays, food waste is a big problem around the world. Some groups are trying to reduce the amount of food thrown away. They are often called food banks. They collect food from stores and give it out to people, and by doing so they are helping poor people.

A

B

Questions

No. 1 According to the passage, how are some groups helping poor people?

No. 2 Now, please look at the people in Picture A. They are doing different things. Tell me as much as you can about what they are doing.

No. 3 Now, look at the woman in Picture B. Please describe the situation.

Now, Mr. / Ms. —, please turn over the card and put it down.

No. 4 Do you think more people will use smartphones to pay at stores?
     Yes. → Why?   No. → Why not?

No. 5 Today, many people use food delivery services. Do you use food delivery services?
     Yes. → Please tell me more.   No. → Why not?

フードバンク

最近，食品廃棄物は世界中で大きな問題となっています。捨てられる食品の量を減らそうとしている団体もあります。彼らはしばしばフードバンクと呼ばれます。彼らは店から食品を集め，人々に配り，そうすることによって貧しい人々を助けているのです。

音読　　　　　　　　POINT タイトルから落ち着いて読もう

意味による区切りを考えながら読みましょう。慌てずにはっきり発音することが大切です。

No.1　英文の内容に関する質問　　　POINT 問題カードの英文から答えを探そう

質問の訳 文章によると，いくつかの団体はどうやって貧しい人々を助けていますか。

解答例 **By collecting food from stores and giving it out to people.**

解答例の訳 店から食品を集めて人々に配ることによってです。

解説 質問文にある helping poor people が含まれる本文最終文に注目。質問の主語 some groups が they と言い換えられている。How 〜 ?「どうやって〜？」という質問なので，By 〜ing という動名詞の形で答える。give out 〜は「〜を配る」という意味。

No.2　イラストに関する質問 ①　　　POINT イラストを見て答えよう

質問の訳 Aのイラストの人々を見てください。彼らはいろいろなことをしています。彼らが何をしているのか，できるだけたくさん答えてください。

解答例 **A man is entering a restaurant. / A man is looking at a menu. / A boy is eating some ice cream. / A woman is cleaning [wiping] a table. / A woman is paying for something.**

解答例の訳 男性がレストランに入ってきています。／男性がメニューを見ています。／男の子がアイスクリームを食べています。／女性がテーブルを拭いています。／女性が何かの支払いをしています。

解説 イラストに描かれている5人の人物がしていることをそれぞれ説明する問題。順番は関係ないので，言いやすいものから説明するとよい。単語が思いつかなければ，簡単な表現に言い換えるなど，自分の知っている表現を使って言い表すようにしよう。

No.3　イラストに関する質問 ②　　　POINT イラストを見て答えよう

質問の訳 Bのイラストの女性を見てください。状況を説明してください。

解答例 **She can't open her umbrella because she has too many bags.**

| 解答例の訳 | 彼女は荷物が多すぎて傘を開くことができません。 |

| 解説 | イラスト中の女性の状況を説明する。必ず「できないこと」とその「理由」の2点を説明することこと。She has too many bags, so 〜という言い方をしてもよい。 |

No.4 あなた自身に関する質問 ① 〈POINT〉質問に対する意見を述べる

| 質問の訳 | あなたはもっと多くの人がお店で支払いをするのにスマートフォンを使うようになると思いますか。
Yes. と答えた場合⇒なぜですか。 |

| 解答例 | **It is quicker to pay by smartphone than by cash. You don't need to look for small change or worry about change.** |

| 解答例の訳 | はい。現金で払うよりもスマートフォンで払う方が早いです。小銭を探したりおつりの心配をしたりする必要がありません。
No. と答えた場合⇒なぜですか。 |

| 解答例 | **It is not safe to pay by smartphone because other people can steal your information. Also, if you lose your smartphone, other people can use your money.** |

| 解答例の訳 | いいえ。他の人があなたの情報を盗む可能性があるのでスマートフォンでの支払いは安全ではありません。また，もしスマートフォンをなくしたら，他の人があなたのお金を使うこともあり得ます。 |

| 解説 | 質問に more people will ... とあるので，「これから〜する人が増えていくと思うか」が問われている。Yes. と答える場合には，便利さや安全性などの利点を説明する。No. と答える場合には，危険性などを説明する。2文程度で，具体例も含めて述べるとよい。 |

No.5 あなた自身に関する質問 ② 〈POINT〉Yes / No の後は質問に対して自由に答える

| 質問の訳 | 今日，多くの人が食べ物の宅配サービスを利用しています。あなたは食べ物の宅配サービスを使いますか。
Yes. と答えた場合⇒もっと説明してください。 |

| 解答例 | **Food delivery services are convenient when you are busy. You don't have to go shopping and cook.** |

| 解答例の訳 | はい。忙しいときに，食べ物の宅配サービスは便利です。私たちは買い物や料理をしなくてすみます。
No. と答えた場合⇒なぜですか。 |

| 解答例 | **Food delivery services are generally expensive. You can save money if you cook at home.** |

| 解答例の訳 | いいえ。食べ物の宅配サービスは高価なことが多いです。家で料理した方がお金を節約できます。 |

| 解説 | 食べ物の宅配サービスを使うかどうか，個人の習慣が問われている。理由も付け加え，2文程度で答えるとよい。 |

そっくり模試

⏱ 試験時間 筆記試験：**80**分　リスニングテスト：約**25**分

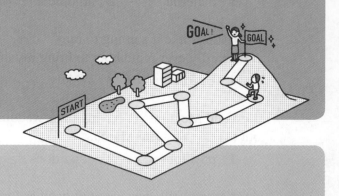

ここからは英検準2級一次試験の模擬試験になります。問題形式や問題数は，本番の試験そっくりになっていますので，本番のつもりで制限時間内にやってみましょう。

また，模試はオンラインマークシートで自動採点できる採点・見直し学習アプリ「学びの友」（p.11 参照）に対応していますので，そちらを利用して解くこともできます。

本番前の実力チェックに役立ててください。

手書き解答用紙を利用する

巻末の解答用紙を切り離してお使いください。

「学びの友」を利用する

右の二次元コードからアクセスしてください。

※筆記 1 ～ 4，リスニングの自動採点ができます。

※ PC からも利用できます（p.11参照）。

次の (1) から (15) までの (   ) に入れるのに最も適切なものを **1**，**2**，**3**，**4** の中から一つ選び，その番号を解答用紙の所定欄にマークしなさい。

(1) Emily always has a turkey dinner with pumpkin pie for dessert on Thanksgiving Day. It's a family (   ).

    1 material   **2** argument   **3** purpose   **4** tradition

(2) *A:* It looks like it's going to rain.
    B: I hardly ever remember to bring my umbrella. (   ), I did today.

    1 Unfortunately   **2** Widely   **3** Heavily   **4** Luckily

(3) Taro and Megumi are having their wedding in June, so they should probably send out (   ) by late March.

    1 positions   **2** conditions   **3** invitations   **4** opportunities

(4) *A:* Are you still angry at your brother for losing your favorite CD?
    B: No, not anymore. I forgave him after he (   ).

    1 apologized   **2** removed   **3** failed   **4** announced

(5) There are a lot of good basketball players who are relatively short even though (   ) is an advantage in the sport.

    1 profit   **2** height   **3** theme   **4** charity

(6) *A:* Mom, I can't find my cell phone. I thought I (   ) it here.
    B: You were just using it a few minute ago. It must be somewhere.

    1 chose   **2** laid   **3** repaired   **4** reserved

(7) *A:* Our airplane is scheduled to take off at noon, isn't it? It's already 11:50.
    B: Yes, but it seems that not all of the (   ) have boarded yet.

    1 audience   **2** tourists   **3** passengers   **4** employees

(8)　A lot of people in the world now enjoy sushi in their countries. However, there are some people who simply cannot eat (　　) fish.

1 fair　　　　　　**2** raw　　　　　　**3** blind　　　　　　**4** empty

(9)　Mr. Johnson has worked at the same food company since he was 22 years old. He is finally going to (　　) next year at the age of 65.

1 recover　　　　　**2** memorize　　　**3** retire　　　　　**4** afford

(10)　Garbage is (　　) into containers for cans, bottles, plastics and paper to make recycling easier and less expensive.

1 united　　　　　**2** separated　　　**3** avoided　　　　**4** destroyed

(11)　*A:* I still have to do a little more. Please go ahead and leave.
　　B: I see. Be sure to turn (　　) all the lights and lock the doors.

1 down　　　　　　**2** to　　　　　　**3** on　　　　　　**4** out

(12)　Mari was born in Japan but lived in England during her elementary school years. She is quite (　　) speaking both English and Japanese.

1 close to　　　　**2** free from　　　**3** capable of　　**4** familiar to

(13)　*A:* I'm scared of getting on high-speed trains.
　　B: Don't worry. You should (　　) that they rarely cause big accidents.

1 make a noise　**2** take place　　　**3** keep in mind　**4** stay away from

(14)　Thomas and his teammates were confident about winning the baseball game because their team was the strongest in the town. However, something (　　) and they lost the game.

1 went wrong　**2** called off　　　**3** looked down　**4** got back

(15)　*A:* It is unfortunate that so many citizens in our city choose not to vote.
　　B: Yes. I think every citizen should (　　) our elections.

1 run in　　　　　**2** fall through　　**3** show off　　　　**4** participate in

2 次の四つの会話文を完成させるために，(16) から (20) に入るものとして最も適切なものを **1**, **2**, **3**, **4** の中から一つ選び，その番号を解答用紙の所定欄にマークしなさい。

---

(16) *A:* Family Dental Clinic. How can I help you?

B: My tooth hurts. Would Dr. Allen have some time to see me today?

A: I'm afraid (16). You could see him at 3 p.m. tomorrow.

B: That would be great. Thank you.

    1 he is not available today

    2 he saw you three days ago

    3 you might be busy this afternoon

    4 you have been here before

---

(17) *A:* I didn't know we had to finish our science report by tomorrow.

B: It was written on the board and the teacher said so too.

A: Really? Do you think (17)?

B: Hmm. You'll probably need to stay up late tonight.

    1 I should give up completing it

    2 I'll be able to finish writing it in a day

    3 the teacher might tell me later

    4 the teacher would get angry

---

(18) *A:* I love your new haircut, Maria.

B: Thanks, Julia. I got it cut at Super Style.

A: I've been there too but I think (18).

B: Oh you should use a coupon. You can save 20%.

    1 I had my hair cut too short   **2** my hair is long enough

    3 it's always crowded   **4** it's a little expensive

A: Good morning, sir. Are you ready to order?

B: Yes. I'll have the cheese omelet with toast.

A: What kind of bread would you like?

B: Well, (19)?

A: Hmm. The white bread is the most popular one.

B: Then white bread, please. And can I have a cup of coffee?

A: Of course. (20)?

B: No, thank you. That's all.

(19)
1 is the bakery open today
2 how long will it take
3 which one do you recommend
4 do you need some more time

(20)
1 Would you like your check
2 Can I get you anything else
3 How about some more coffee
4 What would you like to drink

A New Lifestyle

Mr. and Mrs. Johnson are an older couple living in a small house with a rather large backyard. Mr. Johnson likes to read the newspaper while sitting in his favorite armchair. Mrs. Johnson spends a lot of time in front of her computer communicating with her grandchildren and friends. They both like to eat sweets after dinner while watching television. Recently, they had health checks. The doctor told them that they (21). They were advised to get more exercise and eat healthier food.

When Mr. and Mrs. Johnson got home, they agreed with what the doctor had told them. They were not as active as they once were. Both had put on weight in the last few years. That night they decided to (22) in their lives. First, they planned to take daily walks together. They also promised not to eat as many sweets and snacks. And finally, they decided to turn their backyard into a vegetable garden.

---

(21) **1** were in great shape
2 should be more careful of their health
3 were healthier than ever
4 need to have emergency operations

(22) **1** order better meals   **2** get more sleep
3 make some changes   **4** do some gardening

筆記試験の問題は次のページに続きます

4

A

次の英文 A, B の内容に関して，(23) から (29) までの質問に対して最も適切なもの，または文を完成させるのに最も適切なものを **1**，**2**，**3**，**4** の中から一つ選び，その番号を解答用紙の所定欄にマークしなさい。

From: David Brown <Honolulufishing@bluetech.com>
To: Mr. Hideki Watanabe <HWatanabe@finemail.com>
Date: June 6
Subject: Fishing Tour Details

Dear Mr. Watanabe,

This is David from Honolulu Fishing Tours. Thank you for booking our deep sea fishing trip on Sunday, June 27th. Please be at Honolulu Port at 4:45 a.m. The boat will leave at 5:00 a.m. We will return to port at 3:00 p.m. It will take us an hour to get to the best fishing zones. You can expect to have 8 hours of great fishing! You might be able to see some dolphins if you are lucky. All fishing gear* will be provided. The fish you catch will be packed in ice immediately to keep them fresh.

There is no food or drink service on board. We recommend you bring drinks, snacks and a box lunch. There is a convenience store inside the port building where you can buy such items.

We also advise our clients to bring hats, sunglasses and sunscreen to protect yourself from the summer sunshine. The decks get wet and slippery so we suggest wearing a pair of sneakers. In case of poor weather or rough water the boat's captain may decide to cancel the trip. In such cases, we give you your money back.

Sincerely,

David

* fishing gear「釣り具」

(23)   What do we know about the fishing trip?

1 The trip lasts from morning to midnight.

2 The boat ride to the fishing zone takes about one hour.

3 Dolphins can be seen if the weather is clear.

4 Fishermen need to bring their own fishing equipment.

(24)   Why are fishermen advised to bring their own drinks and lunch?

1 The boat does not provide them.

2 The company has a convenience store.

3 The store in the port building is closed.

4 The boat can keep them fresh on board.

(25)   Fishermen will get their money back

1 if they don't catch any fish on their trip.

2 if the water is rough while fishing.

3 if the captain decides to cancel the trip.

4 when they return from their fishing trip.

Renewable * *Energy*

The world's large population requires a large amount of energy. We need energy to cool and heat our homes, to power our vehicles and electronic devices, and to run our machines. Currently, around 80% of the world's energy comes from fossil fuels. That is, 80% of the energy we use is produced by burning fuels such as oil, coal* and natural gas.

The world has depended on fossil fuels for more than two centuries, largely because it is a cheap and easy way to produce energy. Unfortunately, fossil fuels create serious problems, as they promote global warming, pollute* the air, and harm our health. In addition, fossil fuels will soon run out. To solve these problems, renewable energy is being developed and used all over the world. This is energy that comes from renewable resources, such as wind, sunshine and water. Unlike fossil fuels, renewable energy is unlimited in supply and is much less harmful to humans and the environment.

The most commonly used renewable energy source is "hydropower." Hydropower is based on changing the energy from flowing water into electricity. As it relies on the water cycle, which is constantly driven by the energy from the sun, it is considered a renewable energy source. The most common type of hydropower method involves placing machines called "turbines" at the bottom of a dam. The water drops down from a great height, turning the turbines. This movement is then turned into electricity.

There are many benefits to hydropower. It is relatively cheap, it is safe and reliable, and it is flexible, as large amounts of water can be stored* in advance. On the other hand, building dams often has a negative effect on local wildlife* and human communities. Despite its negative points, it is clear that to keep up with the world's energy demands, we must increase our use of renewable energy sources such as hydropower.

* renewable：再生可能な　　* coal：石炭　　* pollute：〜を汚染する　　* store：〜を蓄える
* wildlife：野生生物

(26) Most of the energy used today

  1 is being changed to oil, coal and natural gas.

  2 is used by 80% of the world's population.

  3 is made by burning fossil fuels.

  4 comes directly from electronic power.

(27) What advantage is there to developing renewable energy sources?

  1 They are cheaper than fossil fuels.

  2 They cause the environmental problems.

  3 They can be used without limit.

  4 They can be used all over the world.

(28) Hydropower is

  1 energy made from the power of the sun.

  2 based on the water cycle which is constantly powered by the sun.

  3 not usually considered a renewable energy source.

  4 controlled by turbines which reduce the flow of water.

(29) What problems are related to hydropower?

  1 Building hydropower facilities often harms the local environment.

  2 It is difficult to keep up with the world's energy demands.

  3 It requires large amounts of water to be stored in advance.

  4 It costs too much to build dams and hydropower facilities.

● あなたは，外国人の知り合い（Keith）から，Ｅメールで質問を受け取りました。この質問にわかりやすく答える返信メールを，□□に英文で書きなさい。

● あなたが書く返信メールの中で，Keith のＥメール文中の下線部について，あなたがより理解を深めるために，下線部の特徴を問う具体的な質問を 2 つしなさい。

● あなたが書く返信メールの中で□□に書く英文の語数の目安は 40 語～ 50 語です。

● 解答欄の外に書かれたものは採点されません。

● 解答が Keith のＥメールに対応していないと判断された場合は，0 点と採点されることがあります。Keith のＥメールの内容をよく読んでから答えてください。

● □□の下の Best wishes, の後にあなたの名前を書く必要はありません。

Hi!

Guess what! I've started taking cooking lessons once a week. I asked my mom to teach me, but she's busy because she works every day. She suggested I go to cooking school. I cooked pasta this week, and it was delicious! I enjoy cooking, but it's not always fun. I don't like cleaning the pots and pans after I cook. Do you think it's important for young people to learn how to cook?

Your friend,
Keith

Hi, Keith!

Thank you for your e-mail.

解答欄に記入しなさい。

Best wishes,

6 ライティング（英作文）

● あなたは，外国人の知り合いから以下の QUESTION をされました。
● QUESTION について，あなたの意見とその理由を 2 つ英文で書きなさい。
● 語数の目安は 50 語〜 60 語です。
● 解答は，解答用紙の B 面にあるライティング解答欄に書きなさい。なお，解答欄の外に書かれたものは採点されません。
● 解答が QUESTION に対応していないと判断された場合は，0 点と採点されることがあります。QUESTION をよく読んでから答えてください。

QUESTION

Do you think it is difficult for Japanese people to learn to speak English?

Listening Test

準2級リスニングテストについて

❶ このリスニングテストには，第1部から第3部まであります。

★ 英文はすべて一度しか読まれません。

第1部：対話を聞き，その最後の文に対する応答として最も適切なものを，放送される **1**，**2**，**3** の中から一つ選びなさい。

第2部：対話を聞き，その質問に対して最も適切なものを **1**，**2**，**3**，**4** の中から一つ選びなさい。

第3部：英文を聞き，その質問に対して最も適切なものを **1**，**2**，**3**，**4** の中から一つ選びなさい。

❷ No. 30 のあと，10秒すると試験終了の合図がありますので，筆記用具を置いてください。

第1部　🎵 38 ～ 🎵 48

No. 1 ～ No. 10 （選択肢はすべて放送されます。）

第2部　🎵 49 ～ 🎵 59

No. 11　　**1** Drink more tea.　　　　**2** Order some cake.
　　　　　3 Pay his bill.　　　　　　**4** Take some food home.

No. 12　　**1** Apologize to the woman.　**2** Ask someone else.
　　　　　3 Go to the post office.　　**4** Turn at the second corner.

No. 13　　**1** Having a meal together tonight.
　　　　　2 Spending some time at Judy's house.
　　　　　3 Having some burgers at home.
　　　　　4 Preparing for their presentation.

No. 14	**1**	She got them from her boss.
	2	Her aunt in Hawaii sent them to her.
	3	She bought them in Hawaii.
	4	She bought coffee imported from Hawaii.

No. 15	**1**	Drive to Los Angeles.
	2	Move to Los Angeles.
	3	Take a plane to Los Angeles.
	4	Make a map of Los Angeles.

No. 16	**1**	He will try another hospital tomorrow.
	2	He will go see a doctor today.
	3	He has visited the hospital before.
	4	He is on a business trip now.

No. 17	**1**	Ask to leave a message.
	2	Contact Daisy privately.
	3	Call back after her vacation.
	4	Speak to another employee.

No. 18	**1**	It will continue to rain whole weekend.
	2	It will be fine from Friday morning.
	3	It will be fine from Friday evening.
	4	It will be rainy on Saturday.

No. 19	**1**	There will be too many people this year.
	2	Everyone is going to a resort instead.
	3	They are all going to stay home instead.
	4	Someone is visiting the family.

No. 20	**1**	She is going to teach the violin at home.
	2	She didn't play the violin during her family trip.
	3	She played the violin in front of her family.
	4	She started to practice the violin several days ago.

No. 21　　**1**　The tour started in front of the hotel.
　　　　　2　The hotel staff recommended it.
　　　　　3　They had time before check-in.
　　　　　4　The price was quite cheap.

No. 22　　**1**　Write a science report.
　　　　　2　Bring their own lunch.
　　　　　3　Eat lunch inside the museum.
　　　　　4　Visit the museum at 8:30.

No. 23　　**1**　Received a nice birthday present.
　　　　　2　Had a party for her grandfather.
　　　　　3　Cooked grilled chicken.
　　　　　4　Called a restaurant.

No. 24　　**1**　There are many species of wrasses.
　　　　　2　They make funny noises when they turn into an adult.
　　　　　3　Some of them live in lakes.
　　　　　4　Some of them change colors during the night.

No. 25　　**1**　He is happy to move to New York next month.
　　　　　2　He will continue to play on the same baseball team.
　　　　　3　He will talk to his coach and teammates today.
　　　　　4　He is going to invite his friends to New York.

No. 26　　**1**　The bread she ate was very good.
　　　　　2　She is hungry after going for her walks.
　　　　　3　She started going for a walk every morning.
　　　　　4　She can get up early to eat bread.

No. 27　　**1**　The store will close in 30 minutes.
　　　　　2　Some items are 30 percent off.
　　　　　3　A new store opened near here.
　　　　　4　The sale ends today.

No. 28　**1**　Terry's family often visit Beth's house.

　　　　　2　Terry's son stayed at Beth's house.

　　　　　3　Beth attended her friend's wedding.

　　　　　4　Beth made chicken soup for Terry's son.

No. 29　**1**　People eat a special dinner at home.

　　　　　2　People walk around a park singing a song.

　　　　　3　People sing together in a park.

　　　　　4　People celebrate it in November.

No. 30　**1**　Ben's family joins them every weekend.

　　　　　2　Ben's uncle prepares all of the meals.

　　　　　3　Ben enjoys talking with the people there.

　　　　　4　Ben brings different kinds of food.

自己診断チャート

巻末で解いた「そっくり模試」の結果について，次のチャートに，自分の問題ごとの正解数を記入し，チャートを完成させましょう。

赤い枠が合格ラインです。合格ラインに届かなかった問題は，レッスンに戻って復習し，本番までに弱点を克服しましょう。

※筆記5・6（ライティング）については，別冊の解答解説および合格レッスン24〜28（p.82-95）で学んだことを参考にしましょう。

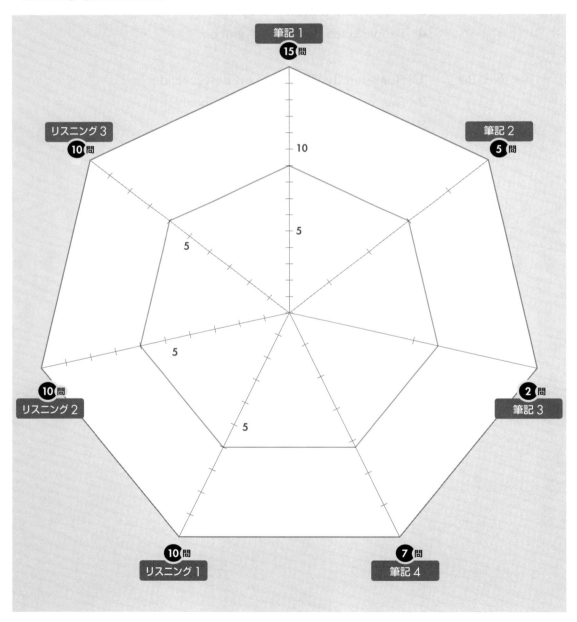

中学生のための英検合格レッスン　**準2級**　そっくり模試　解答用紙

【注意事項】
① 解答にはHBの黒鉛筆（シャープペンシルも可）を使用し，解答を訂正する場合には消しゴムで完全に消してください。
② 解答用紙は絶対に汚したり折り曲げたり，所定以外のところへの記入はしないでください。

③ マーク例

良い例	悪い例
●	⊙ ⊗ ◓

○ これ以下の濃さのマークは読めません。

筆記解答欄

問題番号	1 2 3 4
1	
(1)	① ② ③ ④
(2)	① ② ③ ④
(3)	① ② ③ ④
(4)	① ② ③ ④
(5)	① ② ③ ④
(6)	① ② ③ ④
(7)	① ② ③ ④
(8)	① ② ③ ④
(9)	① ② ③ ④
(10)	① ② ③ ④
(11)	① ② ③ ④
(12)	① ② ③ ④
(13)	① ② ③ ④
(14)	① ② ③ ④
(15)	① ② ③ ④

筆記解答欄

問題番号	1 2 3 4
2 (16)	① ② ③ ④
(17)	① ② ③ ④
(18)	① ② ③ ④
(19)	① ② ③ ④
(20)	① ② ③ ④
3 (21)	① ② ③ ④
(22)	① ② ③ ④
4 (23)	① ② ③ ④
(24)	① ② ③ ④
(25)	① ② ③ ④
(26)	① ② ③ ④
(27)	① ② ③ ④
(28)	① ② ③ ④
(29)	① ② ③ ④

リスニング解答欄

問題番号	1 2 3 4
例題	① ② ●
第1部 No.1	① ② ③
No.2	① ② ③
No.3	① ② ③
No.4	① ② ③
No.5	① ② ③
No.6	① ② ③
No.7	① ② ③
No.8	① ② ③
No.9	① ② ③
No.10	① ② ③
第2部 No.11	① ② ③ ④
No.12	① ② ③ ④
No.13	① ② ③ ④
No.14	① ② ③ ④
No.15	① ② ③ ④
No.16	① ② ③ ④
No.17	① ② ③ ④
No.18	① ② ③ ④
No.19	① ② ③ ④
No.20	① ② ③ ④
第3部 No.21	① ② ③ ④
No.22	① ② ③ ④
No.23	① ② ③ ④
No.24	① ② ③ ④
No.25	① ② ③ ④
No.26	① ② ③ ④
No.27	① ② ③ ④
No.28	① ② ③ ④
No.29	① ② ③ ④
No.30	① ② ③ ④

※筆記 **5** と **6** の解答欄は2枚目の表裏にあります。

※実際の解答用紙に似せていますが，デザイン・サイズは異なります。

●記入上の注意（記述形式）

・太枠に囲まれた部分のみが採点の対象です。

・指示事項を守り，文字は，はっきりと分かりやすく，濃く，書いてください。

・数字の 1 と小文字の l（エル），数字の 2 と Z（ゼット）など似ている文字は，判別できるよう書いてください。

・消しゴムで消す場合は，消しくず，消し残しがないようしっかりと消してください。

・解答が英語以外の言語を用いている，質問と関係がない，テストの趣旨に反すると判断された場合，0 点と採点される可能性があります。

5 Eメール解答欄

語数の目安は 40 〜 50 語です。

5

10

15

※実際の解答用紙に似せていますが，デザイン・サイズは異なります。

●記入上の注意（記述形式）

・太枠に囲まれた部分のみが採点の対象です。

・指示事項を守り，文字は，はっきりと分かりやすく，濃く，書いてください。

・数字の1と小文字の l（エル），数字の2とZ（ゼット）など似ている文字は，判別できるよう書いてください。

・消しゴムで消す場合は，消しくず，消し残しがないようしっかりと消してください。

・解答が英語以外の言語を用いている，質問と関係がない，テストの趣旨に反すると判断された場合，0点と採点される可能性があります。

6　英作文解答欄

語数の目安は 50 ～ 60 語です。

| |
| 5 |
| 10 |
| 15 |

※実際の解答用紙に似せていますが，デザイン・サイズは異なります。

中学生のための

文部科学省後援

英検®準2級

合格レッスン

［改訂版］

解答と解説

英検®は、公益財団法人 日本英語検定協会の登録商標です。　旺文社

解答解説　もくじ

合格 LESSON 1　やってみよう！　　　　**合格 LESSON 2　やってみよう！**

(1) 解答 **3**

「ジェニーはティムの**態度**が気に入らなかった。なぜなら彼はウエーターにとても失礼だったからだ」

解説　空所後の「ウエーターにとても失礼だったから」より，ジェニーはティムの **3** attitude「態度」が気に入らなかったと考えられる。**1** courage「勇気」，**2** beauty「美」，**4** purpose「目的」。

(2) 解答 **1**

A:「ママ，サッカーの練習から帰ってきたよ」
B:「汚れた**服**を洗濯機に入れるのを忘れないで」

解説　サッカーの練習後に汚れているものは何かと考えれば，**1** clothes「衣服」以外には考えられない。**2** aisle「通路」，**3** journey「旅行」，**4** traffic「交通」。

(3) 解答 **2**

「ブラウンさんは家の前に駐車された車の**所有者**を探している」

解説　直後に所有を表す of が続き，空所に入る名詞にかかるので，家の前に駐車された車の **2** owner「所有者」を探していると考えられる。**1** audience「聴衆」，**3** employee「従業員」，**4** president「社長」。

(4) 解答 **3**

「ケンはオーストラリアで1人旅をした。それは彼にとって素晴らしい**経験**だった」

解説　「オーストラリアで1人旅をした」ことは素晴らしい **3** experience「経験」だったと言える。**1** silence「静かさ」，**2** furniture「家具」，**4** detail「詳細」。

(5) 解答 **4**

A:「わあ，どれもおいしそう！　誰が全部の食べ物を準備したの？」
B:「僕たちみんなで準備したんだよ！　でも，君のためにサプライズパーティーをするというのはアリスの**提案**だったんだ」

解説　空所後の「サプライズパーティーをすること」は，アリスの **4** suggestion「提案」と考えると自然。**1** reservation「予約」，**2** condition「条件」，**3** generation「世代」。

(1) 解答 **4**

A:「よし，会議を終了する時間だ。私たちはすべて議論したかな？」
B:「すみません。**少し**質問があるのですが」

解説　直後の questions が複数形になっていることから可算名詞と考えられるので，空所には **4** a few「少数の」以外は不可。**1** much「たくさんの」，**2** little「ほとんどない」，**3** a little「少しの」はいずれも不可算名詞につく表現。

(2) 解答 **3**

「サトシは何か食べ物を買いたかったが，**ほとんど**お金を持ってい**なかった**。彼はまっすぐ帰宅することに決めた」

解説　食べ物を買うことをあきらめて帰宅することにしたということは，お金を持っていなかったと考えるのが自然。money は不可算名詞なので，不可算名詞について「ほとんどない」を表す **3** little が正解。**1** some「いくらかの」，**2** many「たくさんの」，**4** much「たくさんの」。

(3) 解答 **1**

「部屋にはたくさんの子供たちがいた。おもちゃで遊んでいる子もいれば，本を読んでいる**子もいた**」

解説　Some ～ others ... で「～する者もいれば，…する者もいる」という意味になるので，**1** others が正解。**2** another「別の人［物］」，**3** the other「もう一方の人［物］」，**4** any「誰でも」。

(4) 解答 **4**

「ジョンの学校は来週参観日の予定だが，彼の両親の**どちらも**来ることができ**ない**。彼らは仕事でとても忙しいのだ」

解説　両親ともに仕事がとても忙しい状況にあるのだから，参観日にはどちらも来られないと考えられる。したがって **4** neither「どちらの人［物］も～ない」が正解。**1** both「両方」，**2** some「いくらか」，**3** either「どちらか一方」。

(5) 解答 **1**

「シェリーには2人兄弟がいる。1人は東京に住んでいて，**もう1人**は広島に住んでいる」

解説　2人の兄弟のうち，1人は東京に住んでいて，

「もう 1 人は…」を表すには **1** the other「（2 つのうちの）もう一方」が適切。**2** the others「残り全部の人々［物］」，**3** another「別の人［物］」，**4** others「（複数の）他の人々［物］」。

問題 ➡ 本冊 p.21

 やってみよう！

(1) 解答 **2**

「ボールドウィン先生が話し終えたとき，生徒たち何人かが質問するために手**を挙げた**」

解説 先生に質問をしようとする際に，生徒が手をどうするかと考えれば，**2** raise「（手）を挙げる」が適切である。**1** rise「上がる」（過去形 rose），**3** recognize「〜がわかる」，**4** enter「〜に入る」。

(2) 解答 **4**

A:「とても疲れたよ。今日は仕事で 1 日中立っていたんだ」

B:「ソファでしばらく**横になったら**どう？」

解説 疲れているという相手に向かってかける言葉なのだから，体を休める意味で **4** lie「横になる」ようにすすめるのが自然である。**1** graduate「卒業する」，**2** bite「〜にかみつく」，**3** fix「〜を修理する」。

(3) 解答 **2**

「ルーシーとジェイソンは遊園地に行った。彼らは入場料金と飲み物券**を含む**特別なチケットを買った」

解説 特別なチケットは入場料金と飲み物券を「含む」と考えられるので，**2** include「〜を含む」が正解。**1** memorize「〜を記憶する」，**3** mend「〜を修繕する」，**4** notice「〜に気づく」。

(4) 解答 **1**

「パトリックは教室の窓を割ったので先生に**叱られた**」

解説 教室の窓を割ったときに，先生にどのようにされるかを考えれば，**1** scold「〜を叱る」が正解だと判断できる。**2** chew「〜をよくかむ」，**3** resemble「〜に似ている」，**4** lay「〜を置く」（過去分詞 laid）。

(5) 解答 **3**

「今朝ウェンディーはいつもより早く家を出た。彼女は重要な会議**に出席し**なければならなかったのだ」

解説 出社時間を早めたことと重要な会議との関連性を考えると，その会議に **3** attend「〜に出席する」以外は当てはまらない。**1** approach「〜に近づく」，**2** apologize「謝る」，**4** punish「〜を罰する」。

問題 ➡ 本冊 p.23

 やってみよう！

(1) 解答 **2**

「ジェレミーはサッカー選手になりたいと思っている。彼はいつも目標**を達成する**ためにベストを尽くそうとする」

解説 空所の後に his goal があるので，これと結びつく動詞の組み合わせを考えると，accomplish his goal「目標を達成する」となる **2** accomplish「〜を達成する」が正解。**1** publish「〜を出版する」，**3** solve「〜を解決する」，**4** gain「〜を得る」。

(2) 解答 **3**

「リサは英語をオンラインで教え始め，それでいくらかお金**を稼いだ**」

解説 空所の後に some money があるので，英語を教えることでお金を稼ぐという意味になる **3** earn「〜を稼ぐ」が正解。**1** achieve「〜を達成する」，**2** lose「〜を失う」（過去形 lost），**4** feed「〜にえさをやる」（過去形 fed）。

(3) 解答 **4**

「マーティンは小さな村に住んでいる。彼の家はたくさんの木々に**囲まれている**」

解説 直前の is と直後の by から受け身と判断できる。家とたくさんの木々の関係は「家は木々に囲まれている」と考えるのが自然である。よって，surround「〜を囲む」の過去分詞 **4** surrounded「囲まれた」が正解。**1** supply「〜を供給する」，**2** provide「〜を供給する」，**3** impress「〜を感動させる」。

(4) 解答 **1**

「先週の土曜日，ライアンは自動車事故で**けがをした**。医者は 1 週間後には回復するだろうと言った」

解説 自動車事故にあい，医者が回復すると言っている状況なので，injure「〜を傷つける」の過去分詞 **1** injured「傷つけられた」が適切。**2** disappoint「〜をがっかりさせる」，**3** surprise「〜を驚かせる」，

3

4 fill「〜を満たす」。

(5) 解答 **2**

A:「すごい知らせがあるのよ，キャシー！　パパの上司が給料を**上げて**くれたので，パパが私たちを旅行に連れていってくれるんだって」

B:「それはすばらしいわ！」

解説　旅行に行けるということは，その分お金に余裕があるわけで，上司が給料をどうしたかを考えれば，正解は **2** increase「〜を増やす」の過去形だと判断できる。**1** melt「〜を溶かす」，**3** suggest「〜を提案する」，**4** decrease「〜を減らす」。

問題 ➡ 本冊 p.24〜25

合格 LESSON
1~4 チェックテスト

(1) 解答 **1**

「ジョアンナは雑誌のために有名な作家にインタビューをした。彼はユーモアの**センス**がよい人だったので，彼女はおもしろい記事を書くことができた」

解説　humor「ユーモア」は「感覚」の1つなので，a sense of humor で「ユーモアのセンス」となる，**1** sense「感覚，センス」が正解。**2** activity「活動」，**3** silence「静けさ」，**4** attitude「態度」。

(2) 解答 **2**

A:「ポール，大学を**卒業した**後はどうするの？」

B:「旅行会社で働くつもりなんだ」

解説　空所の後に college「大学」があるので，「大学を卒業したあとどうするつもりか」を聞いていると考える。**2** graduate が正解。自動詞なので後に from が必要。**1** raise「〜を挙げる」，**3** contain「〜を含む」，**4** impress「〜を感動させる」。

(3) 解答 **3**

「ジャックのお気に入りのサッカーチームは昨日試合に負けた。彼はその結果に**がっかりしている**ようだ」

解説　お気に入りのチームが負けたという結果について，ジャックは「がっかりしている」と考えられる。disappoint「〜をがっかりさせる」の過去分詞 **3** disappointed が正解。**1** fill「〜を満たす」，**2** injure「〜を傷つける」，**4** surround「〜を囲む」。

(4) 解答 **1**

A:「今週末キャロルをどこに連れていくか決め

た？」

B:「子供祭りに行きましょう。彼女はお絵かきのような楽しい**活動**ができるわ」

解説　空所の後に like painting「お絵かきのような」とあるので，子供祭りでの「お絵かき」がどのような行為に当たるかを考えれば，**1** activity「活動」ということになるだろう。**2** firework「花火」，**3** ceremony「儀式，式典」，**4** condition「条件」。

(5) 解答 **3**

「その赤ちゃんは泣くのをやめようとしなかったが，ついに眠りについた。アンナは静かに赤ちゃんをベッドに**横たえた**」

解説　ようやく眠りについた赤ちゃんに対して，次にとる行動は，ベッドに lay「横たえる」ことだろう。過去形 **3** laid が正解。**1** draw「〜を引く」（過去形 drew），**2** lose「〜を失う」（過去形 lost），**4** fight「戦う」（過去形 fought）。

(6) 解答 **2**

A:「君が新しい家に引っ越すって聞いたよ」

B:「うん。いすやテーブルなどの新しい**家具**を買わなきゃならないんだ」

解説　空所の後の「いすやテーブルなどのような」という具体的な説明から，空所に入る語は，**2** furniture「家具」とわかる。**1** theme「テーマ」，**3** traffic「交通」，**4** aisle「通路」。

(7) 解答 **3**

「ケイティの古いシャツはそでに小さな穴があいていた。彼女はもう一度着られるように，それ**を直す**ことにした」

解説　穴があいているシャツをもう一度着られるように何をしたかを考えると，**3** mend「〜を修繕する」が適切。**1** care「〜を気にする」，**2** damage「〜に損害を与える」，**4** choose「〜を選ぶ」。

(8) 解答 **1**

A:「私たちはプロジェクトを終わらせるためにもう一度集まらなければならないね。それは明日**か**今度の土曜日になるけど」

B:「わかった。私は土曜日の方がいいわ」

解説　再び集まる期日の候補が，空所の後ろに A or B の形であるので，**1** either A or B「A か B のどちらか」が正解。**2**，**3**，**4** は or とともに用いない。

(9) 解答 **4**

「その旅行会社は最近外国人観光客の間でとても人気だ。それは手頃な値段でさまざまなツアー**を提供する**」

解説　旅行会社が観光客にツアーをどうするかと言えば，**4** provide「～を提供する」ということになるだろう。**1** attend「～に出席する」，**2** decrease「～を減らす」，**3** notice「～に気づく」。

(10) 解答 **3**

A：「わあ，とてもたくさんのクッキーを焼いたね！」

B：「**いくつか**食べてもいいよ，リアム。でもあまり食べすぎないでね！」

解説　「クッキーを～食べてもいい」と言ったあと，「食べすぎはだめだ」と言っているので，**3** some「いくつか」が正解。他の選択肢では，会話の流れに合わない。

問題 ➡ **本冊 p.27**

LESSON 5 やってみよう！

(1) 解答 **2**

「スミス一家は，子供たちが修学旅行から**無事に**戻ってくることを願っている」

解説　修学旅行から戻ってくる子供を待つ親がどのように願うかを考えれば，**2** safely「安全に」が正解。**1** apparently「見たところ」，**3** barely「かろうじて」，**4** extremely「極端に」。

(2) 解答 **1**

「会議に**出席**していた人たちは，会議についてのレポートを書かなければならない」

解説　会議についてのレポートを書くのは，会議に出席していた人と考えられるので，**1** present「出席して」が正解。**2** certain「確信して」，**3** alive「生きている」，**4** alike「似ている」。

(3) 解答 **3**

A：「お父さん，私の作文を読んでくれた？」

B：「うん，でも君は**要点**をもっとはっきりと説明すべきだと思う」

解説　作文を読んだ父親が，どのような点をもっとはっきりと説明すべきだと言っているかと考えると，**3** main「主な」が正解。main point で「要点」の意味。**1** late「最近の」，**2** afraid「恐れて」，**4** only

「唯一の」。

(4) 解答 **4**

「その新しいボランティア活動を手伝いたいという人は**ほとんど誰もいなかった**」

解説　直後に anybody とあることから空所には否定の意味の語が入ると予想される。選択肢の中で否定の意味を持つ **4** hardly「ほとんど～ない」が正解だとわかる。**1** nearly「ほとんど」，**2** frequently「頻繁に」，**3** naturally「当然」。

(5) 解答 **2**

「ジョシュは駅でヘレンを待っていたが，彼女は来なかった。彼女は約束のことを**完全に**忘れていたのだ」

解説　ヘレンが来なかったのは約束のことを **2** completely「完全に」忘れていたからと考えられる。**1** rarely「めったに～ない」，**3** luckily「幸運にも」，**4** lately「最近」。

問題 ➡ **本冊 p.29**

LESSON 6 やってみよう！

(1) 解答 **3**

A：「居間の掃除を手伝ってくれない，ヴィッキー？」

B：「ごめん，今は手伝えない。明日の朝**までに**このレポートを仕上げなければならないの」

解説　手伝えない理由がレポートで，それを終える期限が明日の朝ということなので，**3** by「～までに」が正解。**1** at と **2** in は，文法的に tomorrow morning につながらない。**4** until は「～までずっと」という継続を表すので混同しないように注意。

(2) 解答 **4**

「暑い天気**にもかかわらず**，コーチは私たちに校庭で練習を続けさせた」

解説　暑い天気なのに校庭で練習を続けさせたと考えられるので，**4** in spite of ～「～にもかかわらず」が正解。**1** according to ～「～によると」，**2** due to ～「～が原因で」，**3** instead of ～「～の代わりに」。

(3) 解答 **2**

A：「明日はとても早い時間に家を出**ないと**，その電車に遅れるよ」

B：「わかってる。すでに目覚まし時計を 4 時にセッ

5

トしたよ」

解説 空所前後の因果関係を考えると、早い時間に家を出ることが、電車に遅れない条件だと読み取れる。よって、**2** unless「〜ない限り」が正解。**1** if「もし〜ならば」、**3** but「しかし」、**4** although「〜だけれども」。

(4) **解答** **1**

「アリスとジルは山へハイキングに行った。高く登る**につれて**、彼女たちはより涼しく感じた」

解説 空所の後の2つの比較級表現に注目。higher に比例して cooler になったと考えられるので、**1** As「〜につれて」が正解。**2** Though「〜だけれども」、**3** While「〜している間に」、**4** Until「〜するまでずっと」。

(5) **解答** **4**

「街の近くでの事故の**せいで**、そのバスは遅れていた」

解説 空所前後の因果関係を考えると、街の近くでの事故がバスの遅れの原因だとするのが自然である。よって、**4** because of 〜「〜のために」が正解。**1** at the end of 〜「〜の終わりに」、**2** as for 〜「〜に関して」、**3** in addition to 〜「〜に加えて」。

問題 ➡ 本冊 p.31

合格 LESSON 7 やってみよう!

(1) **解答** **3**

「その会社の悪いうわさを聞いた後で、ジョージは仕事の申し出を**断る**ことに決めた」

解説 会社の悪いうわさが仕事の申し出にどのような影響を与えるかと考えれば、**3** turn down 〜「〜を断る」と考えるのが自然である。**1** reach for 〜「〜に手を伸ばす」、**2** do without 〜「〜なしですます」、**4** focus on 〜「〜に集中する」。

(2) **解答** **4**

「その男の子は賢いが、エイミーは彼がいつも**見えをはる**ので彼のことが好きではない」

解説 賢い子に対しエイミーが嫌だなと感じる原因は、その子が **4** show off「見えをはる」ことだと考えられる。**1** hear from 〜「〜から連絡がある」、**2** call off 〜「〜を中止する」、**3** shut down「閉鎖する」。

(3) **解答** **2**

「テレビでその男性が言っていたことは難しすぎて、私には**理解できなかった**」

解説 男性の言っていることが難しいのだから、私には **2** make sense「理解できる、意味が通じる」ものではなかったと判断できる。**1** take place「起こる」、**3** keep in mind「覚えておく」、**4** take it easy「気楽にやる」。

(4) **解答** **2**

「生徒たちは、自分たちの計画を実行しようと一生懸命取り組んだが、どういうわけかすべてが**うまくいかなかった**」

解説 直前の but に注目。一生懸命やった結果が逆になったということは、**2** go wrong「うまくいかない」結果になったと考えられる。**1** get back「戻ってくる」、**3** show up「現れる」、**4** get ready「準備をする」。

(5) **解答** **1**

「ケイトはレストランで誕生日パーティーを開いた。親友のルーシーは、ちょうど出張から帰ってきたところだったので、遅れて**現れた**」

解説 空所には、出張帰りのため遅れてパーティーに参加したという意味の語が入ると予想され、**1** turn up「現れる」が正解だとわかる。**2** fall asleep「眠りこむ」、**3** make a noise「音を立てる」、**4** put off 〜「〜を延期する」。

問題 ➡ 本冊 p.33

合格 LESSON 8 やってみよう!

(1) **解答** **4**

「プリンターが**故障**していたため、ロバートは文書を印刷することができなかった」

解説 印刷できなかったのは、プリンターが使えなかったためと考えられるので、**4** out of order「故障中で」が正解。**1** by mistake「間違って」、**2** for fun「楽しみのために」、**3** so far「今までのところ」。

(2) **解答** **3**

「私の祖父母は、**体調を保つ**ために毎日ジムに通って運動している」

解説 ジムに通って運動する目的と言えば、体調を保つためと考えられる。stay in shape で「体調を

保つ」の意味になる **3** in shape が正解。**1** upside down「逆さまに」，**2** as well「〜も」，**4** at risk「危険にさらされて」。

(3) 解答 2

「ユカリは仕事のストレス**から解放された**かったので，会社を辞めることにした」

解説 　会社を辞めることにした理由とストレスとの関係を考えると，**2** (be) free from 〜「〜から解放されている」が正解。**1** (be) absent from 〜「〜を欠席している」，**3** (be) afraid of 〜「〜を恐れている」，**4** (be) similar to 〜「〜に似ている」。

(4) 解答 1

「ジュリアはとてもお腹がすいている。彼女は**まもなく**夕食になるといいなと思っている」

解説 　お腹がすいていて，夕食がすぐに始まればいいと思っていると考えられるので，**1** before long「まもなく」が正解。**2** for sure「確かに」，**3** at a time「一度に」，**4** for the first time「初めて」。

(5) 解答 2

「トムは静かな小さな町で育った。彼が都会に引っ越してきたとき，彼は交通の騒音を**ずっと**聞くことに慣れていなかった」

解説 　都会での交通機関の騒音の状態として適切なのは **2** all the time「ずっと，いつも」。**1** on average「平均して」，**3** for a while「しばらくの間」，**4** on purpose「わざと」では意味が通らない。

問題 ➡ 本冊 p.34〜35

合格LESSON

5〜8 チェックテスト

(1) 解答 3

「トムは彼の部屋をきれいに保つことが苦手だ。彼の母親は彼に部屋を片づけるよう言うことに**うんざり**しているようだ」

解説 　部屋を片づけない息子に，母親は掃除するように言うことに，ふつう **3** (be) tired of 〜「うんざりしている」と言える。**1** (be) capable of 〜「〜できる」，**2** (be) free from 〜「〜から解放されている」，**4** (be) responsible for 〜「〜の責任がある」。

(2) 解答 1

「デイブが電話すると言ったとき，ナンシーはそれが本気なのかわからなかった。結局，彼は**約束を守り**，彼女に電話をくれた」

解説 　電話をすると言った男性が，結果的に電話をかけてきたので，その男性は「約束を守った」ことになる。**1** keep one's promise「約束を守る」，**2** fall asleep「眠りこむ」，**3** take a break「休憩する」，**4** take it easy「気楽にやる」。

(3) 解答 4

「シェリーは高価な服や靴に浪費し続けたので，ついにお金を**使い切ってしまった**」

解説 　高級品にお金を費やし続けた結果，最終的にどうなるかと考えれば，お金を **4** run out of 〜「〜を使い切る」ことになるのは言うまでもないだろう。**1** suffer from 〜「〜で苦しむ」，**2** put off 〜「〜を延期する」，**3** reach for 〜「〜に手を伸ばす」。

(4) 解答 4

「何人かの生徒がヒル先生にみんな**いっせいに**話しかけたので，彼女は彼らが何を言っているのかわからなかった。彼女は生徒たちに質問があるなら手を挙げるよう求めた」

解説 　生徒に話しかけられた先生が，手を挙げて一人ずつ発言をするように言うということは，複数の生徒が **4** at a time「一度に」話しかけたからである。**1** so far「今までのところ」，**2** on purpose「わざと・故意に」，**3** for a while「しばらくの間」。

(5) 解答 2

「その地域には多くの工場があった。しかしながら，経済が悪化し，それらの多くは**閉鎖した**」

解説 　逆接の However があるので，経済の悪化に伴い，昔あった工場が今ではなくなったと考えるのが自然である。よって，過去形 **2** shut down「閉鎖した」が正解。**1** depend on 〜「〜に頼る」，**3** show off「見えをはる」，**4** turn off 〜「〜を消す」。

(6) 解答 3

「先生は，もし毎日ジャンクフードを食べ続けたら私たちの健康は**危険にさらされる**だろうと言う」

解説 　身体によくないジャンクフードを食べ続ければ，健康はどうなるかを考えると，**3** at risk「危険にさらされて」が適切。**1** in public「人前で」，**2** out of order「故障中で」，**4** out of the question「問題外で」。

7

(7) 解答 **3**

「外は寒かった**が**，公園で遊んでいる子供たちの中には半そで短パンの子もいた」

解説 外が寒いという状況と，半そで短パンで公園にいるという状況は，ふつう相容れないものであり，**3** Although「〜だけれども」が正解。**1** If「もし〜ならば」，**2** Once「一度〜すれば」，**4** Unless「〜しない限りは」。

(8) 解答 **3**

「天気予報**によれば**，明日は大雪が降るだろう。電車とバスは止まってしまうかもしれない」

解説 カンマ以降の文意は，天気予報の内容なので，**3** According to 〜「〜によると」が正解。**1** In addition to 〜「〜に加えて」，**2** At the end of 〜「〜の終わりに」，**4** Instead of 〜「〜の代わりに」。

(9) 解答 **3**

「社員たちは進め方に**確信が持て**なかったので，プロジェクトを開始できなかった」

解説 社員たちが始められなかった理由は，進め方がわからなかったからである。be certain of 〜で「〜を確信している」の意味となる。**3** certain が正解。**1** late「遅れて」，**2** afraid「恐れて」，**4** alike「似ている」。

(10) 解答 **1**

「ホワイト氏はその食料雑貨店でとても**頻繁に**買い物をするので，すべての店員が彼を知っている」

解説 結果として，店員が覚えてしまうほど買い物をするということは，その回数が多いからと考えるのが自然である。よって，**1** frequently「頻繁に」が正解。**2** rarely「めったに〜ない」，**3** nearly「ほとんど」，**4** completely「完全に」。

問題 ➡ 本冊 p.37

合格 LESSON **9** やってみよう！

(1) 解答 **3**

「アンが駅に着いたとき，列車は**出発してしまっていた**。彼女はもう 10 分待たなければならなかった」

解説 駅に着いたときよりも前の時点で列車は出発していたのだから，正解は **3** had left「出発してしまっていた」。**2** left では駅に着いたのと列車が出発したのが同時になる。**1** の現在や **4** の未来完了では，時の概念に矛盾する。

(2) 解答 **2**

「サマンサが中学校を卒業する時までには，彼女は中国語を 5 年間**学んでいるだろう**」

解説 直前に will があるので，過去を表す **1** と **4** は不可。中学卒業という未来のある時点までに 5 年間の中国語の学習が完了するということなので，**2** have studied が正解。期間を表す for も完了形を選ぶヒント。

(3) 解答 **3**

A:「もしもし，エイミー。今日の午後，映画を見に行かない？」

B:「ごめんなさい，行けないわ。まだレポートを**書いていないの**」

解説 映画を見に行けない理由として，「まだレポートを書いていない」と言ったと考えられるので，**3** haven't written が適切。yet は今の時点で終えていないことを表す。**4** の未来完了形は未来のある時点での完了を述べるので，（by）then としなければならない。

(4) 解答 **1**

A:「もしもし，マークです。マリアはいますか」

B:「ごめんなさい，彼女は今ピアノのレッスンを受けているの。彼女は**終わったら**，あなたに電話をするわ」

解説 現在ピアノのレッスン中なので，練習が終わるのは未来になる。しかし，時を表す副詞節では未来のことを現在形で表すので，**1** finishes が正解。未来表現の **4** を選ばないように注意。

(5) 解答 **2**

「ノラはアルバイトの仕事をし始めた。彼女は仕事に満足している**と言った**」

解説 直前の主節の動詞が said と過去形であることに注意。「満足していると言った」という文にするには is を過去形にして時制を一致させる。よって，**2** was が正解。

問題 ➡ 本冊 p.39

合格 LESSON **10** やってみよう！

(1) 解答 **1**

「ケビンがエマをからかったので，彼女は泣き始めた。彼はもう**しないと**約束した」

解説 1 文目の内容から，2 文目は「もうしないと

約束した」という意味になると考えられるので，不定詞の否定形が入る。**1** not to do が正解。not は不定詞の前に置くことに注意。promise は目的語に不定詞のみをとるので，**4** は不適。

(2) 解答 **2**

「モニカは昨夜とても遅い時間に寝たので，授業中に起き**ていること**が難しかった」

解説 空所の前の it と for her の表現から，〈it is 〜 for... ＋ to 不定詞〉の文だと推測できる。よって，**2** to stay が正解。stay awake で「起きている」の意味。

(3) 解答 **4**

「ティムは急いでいて，車のドアに鍵をかけるのを忘れた。そんなことをするなんて，**彼は**極めて不注意だった」

解説 文頭の it と文中の to 不定詞から，〈it is 〜 ＋ to 不定詞〉の文だと推測できるが，空所の前の careless という語が決め手になる。人の性質を表す語なので，意味上の主語を表す場合には **4** of を使わなければならない。あわてて **2** for を選ばないように注意しよう。

(4) 解答 **1**

A:「今日は何か君の声がいつもと違って聞こえるよ。どうかしたの？」

B:「昨夜ひどい風邪を**ひいてしまった**ようなんだ」

解説 風邪をひいたのは昨夜，つまり過去のことである。to 不定詞で主節よりも前の時を表すには完了不定詞を用いる。**1** have caught「（風邪を）ひいてしまった」が正解。**2** は last night と合わず，**3** と **4** は to 不定詞の表現に合わない。

(5) 解答 **4**

「その年配の男性は若いとき，人気のある俳優**だったと言われている**」

解説 空所の前後の時制に注意したい。言われているのは現在だが，人気があったのは若いとき，つまり過去のことで，空所には完了不定詞が入ると判断できる。よって，**4** have been「〜であった」が正解。**1** と **3** は不定詞につながらず，**2** では現在人気の俳優ということになってしまう。

11 やってみよう！

(1) 解答 **1**

「カレンは信号機が変わるのを待っていた。彼女が通りを渡り始めたとき，誰かが自分の名前**を呼ぶ**のが聞こえた」

解説 空所の直前の単語の並びを見て，知覚動詞の文だと見抜けるかがポイント。someone call her という能動の関係になるので，原形不定詞の **1** call が正解。知覚動詞の文では **2** の to 不定詞にはならない。

(2) 解答 **2**

「キャシーの自転車が今朝壊れた。彼女はそれを父親に**直して**もらった」

解説 〈have ＋人＋原形不定詞〉で「人に〜してもらう」という意味になるので，原形の **2** repair が正解である。知覚動詞と同様，to 不定詞は入らない。

(3) 解答 **2**

「ポールは学校を休んだので，数学の宿題が理解できなかった。チェルシーは親切**にも**彼の宿題を手伝ってあげた」

解説 〜 enough to ... の形で「…するのに十分〜だ」の意味の表現で，**2** enough to が正解。**3** は「手伝うために」となり，意味が通らない。直後に動詞の原形があるので，**1**，**4** は入らない。

(4) 解答 **1**

「ディランは明日学校の遠足があるので，今，興奮しすぎて**眠れ**ない」

解説 空所の直前にある too excited が大きなヒント。too 〜 to ... は「〜すぎて…できない」の意味の表現で，**1** to sleep が正解。

(5) 解答 **2**

「トムはいつも本を読んでいる。彼は，**言わば**歩く辞書だ」

解説 空所の直前の so が大きなヒント。これは so to speak「言わば」という独立不定詞であり，正解は **2** to speak。これは慣用表現であり，他の選択肢は入らない。

LESSON 12 合格 やってみよう！

(1) 解答 **4**

「ティムはスマートフォンから**顔を上げること**なし
に［顔を上げないで］私の質問に答えた」

解説 空所の直前に without という前置詞がある
ので，動名詞の **4** looking が適切。

(2) 解答 **4**

A:「高校を卒業したあと，君はどうする予定なの？」
B:「そうだな，世界の文化に興味があるので，海外
留学したいな」

解説 空所の直前に want があるので，**1** と **3** は
文法的に入らない。want は to 不定詞を目的語にと
る動詞なので，正解は「～したい」という意味にな
る **4** to study である。

(3) 解答 **1**

「アランとジョーは，火災報知機が鳴ったとき，カ
フェで昼食を食べていた。彼らはアナウンスを聞く
ために**食べるの**をやめた」

解説 この文脈では stop ～ing「～するのをやめ
る」となる，動名詞の **1** eating が正解。**2** の to 不
定詞は「食べるために立ち止まる」という意味にな
り文脈に合わない。

(4) 解答 **1**

A:「私たちの先生はなぜ毎日こんなにたくさんの宿
題を出すのかわからないよ！」
B:「**文句を言っても無駄**だよ。僕たちはそれをする
しかないんだ」

解説 空所直前の語句から，it is no use ～ing「～
しても無駄である」という動名詞を使った慣用表現
になると見抜く。正解は **1** complaining。

(5) 解答 **2**

「ホリーはシンガポールにいる友人に手紙を書いた。
彼女は返事を**受け取ること**を心待ちにしている」

解説 look forward to ～ing で「～するのを心待
ちにする」の意味なので，**2** receiving が正解。空
所の直前に to があるため不定詞と勘違いして **1**
receive を選ばないように注意しよう。この to は一
般の前置詞。

LESSON 13 合格 やってみよう！

(1) 解答 **3**

A:「映画はどうだった，ローラ？」
B:「素晴らしかったわ。**びっくりするような**結末よ。
それを見ることをおすすめするわ！」

解説 直後の名詞 ending を修飾する語になるの
で，**2** か **3** のどちらかだと判断できる。surprise は
「～を驚かせる」という意味で，ending と surprise
の関係を考えると「結末が聴衆を驚かせる」という
能動の意味になるので，正解は **3** surprising であ
る。**2** surprised だと「結末が驚く」という不自然な
意味になってしまう。

(2) 解答 **2**

「シーラはモニカのパーティーに，フランスから**輸
入された**お菓子を持っていった。それらはどれもお
いしかった」

解説 空所直前の名詞 sweets と import の関係を
考えよう。能動であれば現在分詞，受動であれば過
去分詞だと判断できる。ここでは sweets は「輸入
される」ものなので過去分詞の **2** imported が正解。

(3) 解答 **1**

「小さな村から**やって来たので**，フレッドはニュー
ヨークの人々や建物，明かりなどあらゆるものを見
て興奮した」

解説 英文全体を見渡して，文中にカンマはある
が接続詞がないことから，分詞構文だと判断できる
かがカギ。よって，空所には分詞が入ると考える。
主語 Fred が「やって来たので」という意味になる **1**
Coming が正解。

(4) 解答 **3**

「海に到着するとすぐティムと彼の犬はうれしくて
走り始めた。彼の両親は止まるように言ったが，彼
らは**走り続けた**」

解説 空所の直前の kept から文法的に **1** と **4** は
入らない。**2** では文意が通じず，正解は **3** running
である。keep ～ing で「～し続ける」の意味。

(5) 解答 **4**

「明るい色で**塗られているので**，その高校の文化祭
のポスターは目立っている」

解説 分詞構文だと判断できるかがカギ。ここで

は文の主語が the ... poster であることに注意が必要。分詞構文の主語も poster となるが，ポスターが「塗られる」という受け身の関係になるので，過去分詞の **4** Painted が正解。

問題 ➡ 本冊 p.46 ～ 47

合格 LESSON 9～13 チェックテスト

(1) 解答 **3**

「アダムズ先生はビルに彼の絵は素晴らしいと言った。彼が彼女に**褒められるの**は初めてだった」

解説 It is ～ to ... の文なので，空所の前の for him が意味上の主語となる。空所の後に by her「彼女によって」があり，彼は「褒められた」という受動の関係なので，受動態の **3** to be praised「褒められること」が正解。

(2) 解答 **2**

「ジルが 4 歳のとき，彼女の家族はハワイを訪れた。彼女は当時小さかったが，海で**泳いだこと**を覚えている」

解説 「～したことを覚えている」は remember ～ing の形で表す。したがって，**2** swimming が正解。remember は to 不定詞を目的語にとると「～するのを覚えている」と意味が変わるので，**3** は不適。

(3) 解答 **4**

「フレッドの母親は彼のことをとても誇りに思っていた。彼女は，彼が老女の荷物を運ぶの**を手伝った**のはとても親切だと思った」

解説 空所の直前の英語表現を見て，この文が〈it is ～（形容詞）＋ to 不定詞〉の文だと見抜けるかが大きなポイント。よって，to 不定詞の **4** to help が正解。人の性質を述べる kind があるので，意味上の主語が of で表されている。

(4) 解答 **3**

「スチュワート先生は毎週月曜日，クラスのみんなに絵本を読み聞かせる。今日，彼女は子供たちのお気に入りのアーティストによって**描かれた**絵本を読んだ」

解説 picture book「絵本」はアーティストによって「描かれた」という受動の関係。したがって，過去分詞の後置修飾となる **3** drawn が正解。過去分詞以外では，「絵本が描く」と能動の関係になってしまい，不適切。

(5) 解答 **1**

「マーロンの母親は彼が友達と遊びに出かける前にピアノを**練習**させた」

解説 空所直前にある made と選択肢に動詞が並んでいることから，使役動詞を使った文だと判断できる。使役動詞 make「人に～させる」は補語に原形不定詞をとるので，**1** practice が正解。

(6) 解答 **3**

「ブライアンが町で観光をしたとき，彼は道に迷った。**さらに悪いことに**，暗くなり，雨が降りだした」

解説 道に迷った挙句，空所の後にさらに望ましくない出来事が続いており，状況が一層悪化していることがわかるので，**3** To make matters worse「さらに悪いことに」が正解。**1** So to speak「言わば」，**2** To be honest「正直に言うと」，**4** Needless to say「言うまでもなく」。

(7) 解答 **1**

「この前の土曜日，ハロルドと父親は湖に釣りに出かけた。静かに**座って**，彼らは魚を捕まえるために待った」

解説 選択肢は sit の活用形。カンマの後の〈主語＋動詞〉を修飾できるものを選ぶ。同時に行う動作を表す分詞構文～ing を使って，「座って，座った状態で」の意味の分詞構文になる **1** Sitting が正解。

(8) 解答 **2**

「昨日はとても暑く，ジョーは 1 時間以上庭いじりをしていた。今日彼はとても疲れていて，何も**する気にならない**」

解説 空所の直前の語句から feel like ～ing「～したい気分だ」という動名詞の慣用表現が見抜けるかがポイント。**2** doing が正解。動名詞を用いる代表的な慣用表現の 1 つなので，しっかりと覚えよう。

(9) 解答 **1**

「デレックのクラスは明日雨が**降らなければ**キャンプ旅行に行く。彼はその旅行をとても楽しみにしているので，天気がよくなることを望んでいる」

解説 空所の if 節以下は，「もし明日雨が降らなければ」という条件を表す副詞節なので，未来の内容であっても現在形で表さなければならない。よって，**1** doesn't が正解。前半部の will に引っ張られて **2** won't を選ばないように注意しよう。

(10) 解答 **4**

「母親が帰宅したとき，ティムは2時間以上テレビゲームをしていた。彼女は怒り，彼を叱った」

解説 空所直後の for 以下に注目。母親が帰宅した過去の一時点で，2時間以上もテレビゲームを継続して行っていたことになるので，過去完了進行形を用いる。**4** had been playing が正解。その他の選択肢では，過去という時の基準に当てはまらない。

問題 ➡ 本冊 p.49

14 やってみよう！

(1) 解答 **1**

A:「すみませんが，湖にはどうやって行ったらよいのでしょうか」

B:「この地図を持っていくといいですよ。**それ**には行き方が載っていますから」

解説 空所の前後に注目。直前に名詞 map とカンマがあり，直後に動詞 shows がきていることから，空所は主格の関係代名詞の非制限用法だと予想できる。直前の先行詞 map は物なので，**1** which が正解だとわかる。

(2) 解答 **4**

「フレッドのクラスには私が顔を知っている学生が何人かいる」

解説 空所の後ろに faces I recognized「顔を私が知っている」と続いているので所有格の関係代名詞と考えられる。空所の前の students を先行詞とすると「彼らの顔を私が知っている学生」となる。したがって，**4** whose が正解。

(3) 解答 **2**

「ティムは友人が多くない。彼はしばしばうそをつくので，誰も彼が言う**こと**を信用していないのだ」

解説 空所の後ろには主語と動詞があり，直前には先行詞となる名詞がない。つまり，空所には先行詞を含む関係代名詞が入ると判断できる。したがって，**2** what が正解。what he says で「彼が言うこと」の意味になる。

(4) 解答 **3**

「エマの父はシェフだが，時々チキンカレーを作る。家族の全員がそれが大好きだ」

解説 空所の前に文の主語となる名詞とカンマが

あるので，非制限用法の関係代名詞節が挿入されている文である。直前の名詞 father は人なので，**3** who が適切。

(5) 解答 **4**

「彼女は授業中にスマートフォンが鳴った男の子に腹を立てた」

解説 空所の前に「男の子に腹を立てた」とあり，空所の後に smartphone rang と続くので，「その人の（自分の）スマートフォンが鳴った男の子」という意味になる，所有格の関係代名詞 **4** whose が適切。

問題 ➡ 本冊 p.51

15 やってみよう！

(1) 解答 **1**

「私は寒い冬の月が楽しめない。気候が快適で暖かい春まで待ちきれない」

解説 空所の後ろを見ると，文の構成要素として欠けている箇所がない。したがって，空所には関係代名詞ではなく，関係副詞が入ると考えられる。先行詞は spring で時を表す語なので，正解は **1** when。

(2) 解答 **2**

「リサは10年ぶりに故郷に戻った。彼女は自分がよく行ったカフェに行った」

解説 空所の前に the café という場所を示す語句があり，空所の後ろは she often went で，to が抜けた形になっているので，to which と同じ意味を表す **2** where が正解。

(3) 解答 **3**

「トムは友人の1人と外出する予定だった。友人はアルバイト中だったので，トムは彼が働いている店で彼を待った」

解説 空所の前に前置詞があるので，前置詞の目的語となる関係代名詞が入る。直前の先行詞が store で物なので，目的格の関係代名詞 **3** which が正解だと判断できる。

(4) 解答 **1**

A:「デザートはどれもとてもおいしそうだね！」

B:「食べたいものを**どれでも**ご自由にどうぞ」

解説 空所の後ろを見ると，want の目的語が欠け

ている。また直前には先行詞に当たる名詞がない。空所には先行詞を持たずに名詞の働きをする複合関係代名詞が入ると考えられるので，**1** whatever が正解だとわかる。

(5) 解答 **4**

「ボブは銀座によいレストランを見つけた。彼は東京にいる**ときはいつも**そこへ行く」

解説 空所の前後の文に構成要素として欠けているところはないので，副詞の働きをする複合関係副詞が入ると考えられる。「東京にいるときはいつでも」とすると意味が通る。**4** whenever が正解。

問題 ➡ 本冊 p.53

LESSON 16 やってみよう！

(1) 解答 **2**

「ベティは今では 5 年間もその自転車に乗り続けている。もしお金があれば，彼女は新しい赤い自転車を**買うだろうに**」

解説 空所直前の if 節の動詞の形から，この文が仮定法過去だと見抜けるかがポイント。第 1 文が現在の内容なので，現在の事実に反する仮定となり，**2** would buy が正解。

(2) 解答 **4**

「エリックは試験の前にあまり勉強しなかったので，試験に落ちた。もし彼がそんなに怠けていなかったら，試験に**合格できていただろうに**」

解説 第 1 文の内容が過去であることと，空所の前の if 節の動詞の形から，仮定法過去完了の文だと判断できる。過去の事実に反する仮定になるので，**4** have passed が正解である。

(3) 解答 **2**

「ジェニーの母親は，いつかパリを訪れることを夢見ている。もしジェニーがお金持ち**なら**，母親をパリに連れていくのに」

解説 主節の〈would ＋動詞の原形〉の形から，仮定法過去の文だと判断できる。if 節は be 動詞では主語にかかわらず were を用いるのがふつう。したがって，**2** were が正解。

(4) 解答 **3**

「マーティンは高校時代に一生懸命勉強しなかった。もしもっと一生懸命勉強**していたなら**，大学に進学

することができただろうに」

解説 主節の〈could ＋ have ＋過去分詞〉の形から，仮定法過去完了だとわかる。if 節は過去完了の形になるので，**3** had が正解。

(5) 解答 **3**

「もしタカシが朝食**を食べていたなら**，今空腹ではないだろうに」

解説 主節の動詞の形は仮定法過去だが，文意を考えると，朝食を食べる行為は，空腹状態の現在よりも過去のことになるので，空所には仮定法過去完了の表現がくることになる。したがって **3** had had が正解。if 節と主節で時制がずれている文である。

問題 ➡ 本冊 p.55

LESSON 17 やってみよう！

(1) 解答 **1**

「私はスーパーマーケットから自宅まで重いものを運ぶのが好きではない。車が**あればいいのになあ**」

解説 空所直前の I wish から，空所には仮定法の表現が入ると推測できる。さらに，前文の内容が現在形であることから，現在の事実に反する願望を表す仮定法過去だと判断でき，**1** had が正解だとわかる。

(2) 解答 **2**

「ミーガンは 3 人の兄弟がいて，彼女もまるで男の子**のように**振る舞う」

解説 空所直前の as if という表現がポイント。ミーガンは男の子ではないので，「まるで〜であるかのように」という仮定法の表現になる。文の動詞が現在形であることから，仮定法過去だと判断できる。**2** were が正解である。

(3) 解答 **1**

A:「私たちのプロジェクトは大成功だったね！」
B:「そうだね。でも君の助け**がなかったら**，成し遂げることができなかったよ」

解説 「君の助け」と「成し遂げられなかった」の関係を考えれば，「〜がなかったら」の表現が空所に入ると予想できる。よって，**1** without が正解。この without は仮定法過去・仮定法過去完了のどちらにも用いられる。

13

(4) 解答 **3**

「ポーラの父は，医師の助言に従ってジョギングを始めた。**そうしていなければ**，彼は体重を減らすことはできなかっただろう」

解説 空所直後は「〜できなかっただろう」と仮定法過去完了の表現になっている。第 1 文の「ジョギングを始めた」という文意と，後ろの「体重を減らすことはできなかっただろう」という内容から，空所には「そうしていなかったら」の意味の語が入ると推測でき，正解の **3** Otherwise が選べる。

(5) 解答 **3**

A:「すみませんが，窓を**閉めて**いただけるでしょうか。少し寒く感じますので」
B:「かまいませんよ」

解説 空所の前の語句から，I wonder if you could ... という仮定法を用いた丁寧な依頼の表現になるとわかる。したがって，**3** could close が正解。

問題 ➡ 本冊 p.57

合格 LESSON 18 やってみよう！

(1) 解答 **3**

「エリックはクラスで 1 番の成績を取る。他のどの生徒も，彼より**賢く**はない」

解説 最上級の内容を，比較級を用いて表す典型的な構文である。空所直後に than があるので，空所には比較級が入ることがわかる。よって，**3** smarter が正解。

(2) 解答 **1**

「フレッドは，弟の**2 倍**の数の野球選手カードを集めている」

解説 空所の前にある twice as の表現が正解へのカギ。この twice が倍数表現だと気づけば，空所に as 〜 as の表現が入ることがわかる。したがって，**1** as が正解である。

(3) 解答 **1**

「ウィリアム一家は，子犬を見にペットショップへ行った。彼らは，2 匹の子犬のうち**小さい方**を連れて帰ることに決めた」

解説 空所直前の the に引っ張られて，最上級を選ばないようにしたい。空所直後に of the two とあるので，「2 つのうち，より〜な方」の表現になる **1** smaller が正解。**3** と **4** は文法的に不可。

(4) 解答 **3**

「キムは今朝寝坊をした。彼女は，電車に間に合うように，できるだけ**急いで**走らなければならなかった」

解説 空所直前の as と直後の possible から，as 〜 as possible「できるだけ〜」の表現になることがわかる。よって，**3** fast as が正解。原級を用いた慣用表現の 1 つである。

(5) 解答 **4**

「ボブは明日，スコットランドに向けて飛び立つ予定だ。彼は，フライトの**少なくとも** 2 時間前にはチェックインしなければならない」

解説 選択肢には比較を用いた慣用表現が並んでいる。チェックインの時間について，空港での状況を考えると，「少なく見積もっても 2 時間前」と考えるのが妥当。「少なくとも 2 時間以内に」となる **4** not less than「少なくとも」が正解。**1** no more than 〜「たった〜」，**2** at most「多くても」，**3** as many as 〜「〜と同じくらい多くの」。

問題 ➡ 本冊 p.58〜59

合格 LESSON 14〜18 チェックテスト

(1) 解答 **2**

A:「ねえ，今日は公園にストリートパフォーマーがいるよ」
B:「あら，ギターを弾いている女の子はうちの学校に先月転校してきたんだけど，私のクラスメートの 1 人よ」

解説 空所の前は現在分詞が the girl を修飾しているが，動詞がなく完全な文ではない。空所の前にカンマがあり，次のカンマまでの関係代名詞節が文全体の主語である girl を説明している。先行詞は人なので，主格の関係代名詞 **2** who が正解。

(2) 解答 **4**

「テッドはロンドンに住んでいるおばを訪ねた。彼が滞在中最も楽しんだ**こと**はスタジアムでのサッカー観戦だった」

解説 文中に enjoyed と was という 2 つの動詞があり，文全体の構造が見抜けるかがポイント。本動詞が was だとわかれば，主語は「彼が滞在中最も楽しんだこと」の意味になると考えられる。先行詞を含む関係代名詞 what が「〜すること」の意味を表すので，**4** What が正解となる。

(3) 解答 **1**

A:「授業に遅れて申し訳ありません，クライン先生」

B:「ボビー，**なぜ**遅れたのかという理由を教えてちょうだい」

解説 授業に遅刻をして謝る生徒に，先生が問いかける内容と言えば，遅刻の理由以外には考えられないだろう。空所の前の the reason を先行詞とする関係副詞の **1** why「〜する理由（なぜ〜か）」が正解。この why の直前にくる先行詞 the reason は省略されることもある。

(4) 解答 **4**

A:「決められないよ。赤と青のどっちのジャケットを買うべきかな」

B:「両方あなたに似合ってるから，**どちらを選んだとしても**すてきに見えるわよ」

解説 カンマをはさんで節〈S＋V〉が並んでいる。choose の目的語もなく，文頭に空所があることから，それ自体で名詞の働きをして choose の目的語となる複合関係代名詞が入ると判断できる。話題は人ではなくジャケットなので，**4** whichever が正解。ここでは「どちらを選んだとしても」という譲歩の意味を表している。

(5) 解答 **3**

A:「ああ，ママ。予定より早く帰ったよ」

B:「あらまあ！　もしもっと早く知っていたら，夕食を作り**始めていたのに**」

解説 空所の前の if 節内の動詞が過去完了形になっていて，「もしもっと早く知っていれば」と過去のことを仮定して述べているので，仮定法過去完了の文だと推測できる。空所直前の would と start cooking dinner という主節の動詞から，「夕食を作り始めていたのに」という意味になる **3** have started が正解。

(6) 解答 **2**

「ミシェルは 4 人きょうだいの末っ子で唯一の女の子だ。みんなが彼女をまるでお姫さま**である**かのように扱う」

解説 空所を含む文の as if ... の内容は事実ではないので，この文は仮定法の文だと推測できる。さらに，主節の動詞が treats と現在形であることから，空所には仮定法過去の表現が入ることになり，**2** were が正解である。

(7) 解答 **1**

「メーガンは学校でどのクラブに入ろうか決めようとしている。彼女がもっとスポーツをするのが得意**である**なら，テニス部に入るだろうに」

解説 If 節と主節の動詞の形から，仮定法過去の文だと判断できる。be good at の仮定法過去の表現なので，**1** were が正解。

(8) 解答 **1**

A:「どうもありがとう！　あなたが貸してくれたお金が**なかったら**，私は電車に乗れなかったわ」

B:「気にしないで，それが友達ってものよ！」

解説 主節の動詞が〈couldn't＋have＋過去分詞〉になっている点に注目。ここから仮定法過去完了の文だと推測できる。文意から空所には「〜がなかったら」を表す語が入ると考えられ，**1** Without が正解。**2** With は「〜があったら」という逆の意味を表す。

(9) 解答 **1**

「ジェレミーはとても速く読む。彼は他の生徒の 3 倍**速く**読める」

解説 選択肢を見れば比較の問題であることは明らか。空所の前の times と空所前後の as から，倍数表現だと見抜くことが大切。as 〜 as には原級がくるので，**1** fast が正解である。

(10) 解答 **3**

「アンナはコンピュータを買いたかった。彼女は店に行って，自分が欲しいモデルを買うには**少なくとも 300 ドルは必要**だと知ってがっかりした」

解説 欲しいものを買いに行き，値段を見てがっかりしたということは，予想以上に高かったと推測できる。つまり，300 ドルは最低限の価格と考えられ，その意味で **3** at least「少なくとも」が正解。**1** at most「せいぜい高くても」は反対の意味を表す。

問題 ➡ 本冊 p.61

合格 LESSON 19 やってみよう！

(1) 解答 **1**

A:「こんにちは，お客さま。いらっしゃいませ」

B:「こんにちは。今夜のパーティーに着ていくものを探しているのですが」

A:「なるほど。ここにあるこのスタイルはとても人気があります。**1** 着ご試着されますか」

B:「それらはとてもかわいいですが，パンツの方が私に似合うと思います」

1 1着試着する

2 服を買うのを楽しむ

3 パーティーによく行く

4 カードで支払いたい

解説 2人の最初のやりとりから，Aは店員で，Bは服を買いに来た客とわかる。パーティーに着ていくものを探しているというBに対し，Aは「〜されますか」と聞き，Bは「それらはかわいいけど，私にはパンツの方が似合う」と答えているので，**1**の「1着試着する」を入れると文意が通る。

(2) 解答 2

A:「もしもし。8月14日の予約をしたいのですが」

B:「かしこまりました，お客さま。何泊ご希望ですか」

A:「2泊です。**ダブルルームを予約していただけますか**」

B:「申し訳ないのですが，できません。その日はシングルの部屋しか残っていないのです」

1 クレジットカードでお支払いされますか

2 ダブルルームを予約していただけますか

3 予約はされていますか

4 帰るときに支払えますか

解説 2人の最初のやりとりから，Aが客，Bがホテルの従業員だとわかる。予約をしているので電話での会話と推測できる。Aの空所の質問に対し，BはI'm afraid not. と断ったあと「シングルの部屋しかない」と言っているので，部屋について要望を述べている**2**が正解。

問題 ➡ 本冊 p.63

LESSON 20 やってみよう！

(1) 解答 1

A:「今年はハロウィンの仮装をしてお菓子をねだりに行くの？」

B:「もちろん。僕はもう衣装を決めたんだ」

A:「あら，本当？ **今年は何なのか聞いてもいい？**」

B:「ええと，まだだめだよ。僕が何になるのかまだクラスの誰にも知られたくないんだ」

1 今年は何なのか

2 誰と一緒に行くのか

3 何時に行くのか

4 お金がどれくらいかかるのか

解説 Aのハロウィンの衣装を決めたというBへの質問に対して，Bは何になるのかを知られたくないと言っていることから，空所の質問は衣装が何かを聞いていると考えられる。よって，**1**が正解。

A:「こんにちは，デイブ。土曜日のコンサートの予備のチケットがあるの。私と一緒に来ない？」

B:「ありがとう，サリー，それは素晴らしいね！僕は1日中あいているから，ぜひ行きたいよ」

A:「コンサートに行く前に**一緒に食事でもしない？**」

B:「もちろん。それはいいね。午後5時に図書館の外で会うのはどう？」

A:「それはいいわね」

B:「いいイタリアンレストランを知っているよ」

A:「いいわね！ **席を予約してもらえる？**」

B:「もちろん。今日後でレストランに電話するね」

(2) 解答 2

1 なぜ図書館に行くのですか

2 一緒に食事をしませんか

3 チケットを買いたいですか

4 1人で行ってもかまいませんか

解説 Aの空所の質問に対し，Bは「それはいいね」と同意したあと，図書館の外での待ち合わせを提案し，その後イタリアンレストランの話をしていることから，Aは「一緒に食事をしよう」と言ったと考えられる。よって，**2**が正解。

(3) 解答 4

1 私にピザを作る

2 後で私に電話する

3 私に飲み物を買う

4 席を予約する

解説 Could you 〜？「〜していただけますか」というAの依頼の内容がポイント。BはSure. と快諾し，「今日後でレストランに電話する」と言っているので，席の予約を依頼したと考えられる。よって，**4**が正解。

問題 ➡ 本冊 p.64〜65

LESSON 19〜20 チェックテスト

(1) 解答 2

A:「すみません，これはあなたの手袋ではないですか。落とされたようですが」

B:「あら，そうです！　どうもありがとうございます。私はいつもそれをなくすんです」

A:「大丈夫ですよ。私もよく**このような小さなものをなくす**んです」

B:「本当ですか？　それで気分が楽になったわ。ありがとう」

1 周りの人々から目を離さない

2 このような小さなものをなくす

3 小さなものに自分の名前を書く

4 ものをなくさないよう気をつける

解説　「いつも手袋をなくす」というBの発言に対して，Aが「私も」と言っているので，空所には同じように「よくものをなくす」という趣旨の表現が入ると考えられる。よって，**2**が正解。BがThat makes me feel better. と言っていることから，**1**，**3**，**4**は会話の流れに合わない。

(2) 解答 3

A:「すみません。学校のプロジェクトのための調査をしています。少し質問してもかまいませんか」

B:「喜んでお手伝いしたいのですが，今仕事へ行く途中なのです」

A:「5分くらいしかかからないのですが」

B:「あら，それでしたら，どうぞ」

1 はい，どうぞ

2 それは不可能です

3 喜んでお手伝いしたいです

4 はい，気にします

解説　Do you mind if I 〜 ?「〜してもかまいませんか」の応答は，承諾する場合はNoで答える。**1**のNo. Go ahead. は承諾の応答として正しいが，直後にbutがあり，「仕事に行く途中なので」と断ろうとしているので不適。「手伝いたいが…」としつつ，理由を述べるのが自然。**2**，**4**はbut以下につながらない。したがって，**3**が正解。

(3) 解答 2

A:「こんにちは，ジョン。昼食に行くところなの。一緒に行かない？」

B:「**残念だけど行けない**。今日はオフィスにいなければならないんだ」

A:「ああ，そうだ，あなたは1時に顧客との会議があるのよね」

B:「そうなんだ。明日一緒に昼食を食べるのはどう？」

1 それはいいね

2 残念だけどできない

3 喜んで参加する

4 もうそれをやった

解説　AはWhy don't you ...? とランチに誘っており，それに対する応答を選ぶ。空所の後のBの発言で，「オフィスにいなくてはならない」と言っているので，食事には行けないということになる。**2**が正解。**1**，**3**は承諾しているので不適。**4**も話の流れに合わないので不適。

A:「すみません。このシャツを昨日買ったのですが，返品したいんです」

B:「ああ，わかりました。**サイズが合わないのですか**」

A:「いえいえ，それは大丈夫でしたが，この部分が汚れているのです」

B:「あらまあ。ちょっと見せていただけますか。ええ，確かに。本当に申し訳ありません」

A:「はい。それに，これがこのサイズの最後の1枚だったんです。このサイズで他の色はありますか」

B:「あると思いますが…。こちらに水色のがあります。**ご試着されますか**」

A:「もちろん。試着室はどこですか」

B:「あちらにあります。こちらへどうぞ」

(4) 解答 3

1 それはいくらでしたか

2 レシートを見せていただけますか

3 サイズが合わないのですか

4 何か問題がありますか

解説　返品を希望するAが，店員Bの発言に対して，Noと言った後でIt was OK, but ... と続けていることから，空所の文で店員が何らかの返品理由を尋ねたと予想できる。理由として「サイズが合わないのか」と尋ねている**3**が正解だと判断できる。

(5) 解答 1

1 ご試着されますか

2 それは25ドルですか

3 あなたのサイズは何ですか

4 それを取り替えてもらえますか

解説　購入したシャツの交換を希望するAが，店員Bの空所の発言を受けて，試着室の場所を尋ねていることから，空所には，試着をすすめる発言がくると推測できる。よって，**1**が正解。

21 やってみよう！

全訳

フレッドの傘

　先週フレッドは大学の近くのカフェに行った。雨が降る日で，彼はお気に入りの傘を持っていた。彼はカフェの入口の傘立てに傘を入れた。彼はコーヒーを1杯飲んだ。カフェを出ようと入口に近づいたとき，彼は自分の傘がそこにないことに気づいた。彼は誰かが間違って持っていったに違いないと考えた。

　彼は起こったことをウエートレスに伝えたので，彼女は彼に傘を貸してくれた。彼は彼女に電話番号を渡し，もし彼の傘を見つけたら電話するよう頼んだ。彼が帰宅したとき，電話が鳴った。それはウエートレスで，彼女は年配の女性が**フレッドの傘を持って店に戻ってきた**と彼に伝えた。彼はそれを聞いてうれしかった。次の日，彼はそれを取りにカフェにまた行った。ウエートレスは彼にコーヒーを出してくれ，それはその年配の女性のおごりなのだと言った。

(1)　解答　2

1 傘はどれもかわいかった
2 彼の傘はそこになかった
3 すでに雨はやんでいた
4 彼がテーブルに財布を置いてきてしまった

解説　空所に入るべき表現は，カフェを出ようとしたときに気づいたことであり，次の文で「誰かが間違えて持っていったに違いない」とあるので，「傘がないことに気づいた」と考えるのが自然である。したがって，**2** が正解。〈must have ＋過去分詞〉は「～したに違いない」という意味。

(2)　解答　2

1 仕事の会議のために
2 フレッドの傘を持って
3 フレッドに文句を言いに
4 道を尋ねに

解説　ウエートレスからの電話を受けたフレッドは，空所の次の文で「それを聞いてうれしかった」とあるので，「傘が無事に戻ってきた」という趣旨の電話だと考えられる。**2** の「傘を持って」が正解。

合格LESSON

21 チェックテスト

[A]

全訳

ヒナを助けること

　エリックは高校生だ。ある日学校からの帰り道，彼は道路脇で何か小さなものが動いているのを見た。近寄ると，それは何かの鳥のヒナだとわかった。ものすごく小さくて弱々しかったので，彼は思わず拾い上げた。彼はそれをハンカチに包んで家に持ち帰った。それを母親に見せると，彼女は「巣から落ちた鳥は絶対に拾ってはいけない」と言った。

　彼は台所で小さなプラスチックのボウルを見つけ，鳥をその中に入れた。それから彼はそれを見つけた場所まで持っていった。彼はそのボウルを木の枝に固定して立ち去った。次の朝その場所を通ると，大人の鳥がプラスチックの巣の上にいるのが見えた！　それはヒナにえさをやっていたのだ。彼はその日1日とても気分がよかった。

(1)　解答　3

1 それをそこに置いてきた
2 市役所に電話した
3 家に持ち帰った
4 巣に戻した

解説　空所の直後の文で，エリックが母親にヒナ鳥を見せたところ，巣から落ちた鳥を拾ってはいけないと注意を受けていることから，自分の家に持ち帰ったのだと推測できる。したがって，**3** が正解。他の選択肢では，母親の居場所が不自然。

(2)　解答　2

1 それはヒナを攻撃していた
2 それはヒナにえさをやっていた
3 それはヒナを巣から押し出した
4 ヒナはまた地面にいた

解説　空所の前のエクスクラメーションマーク（！）に注目。これは巣に大人の鳥を見つけて驚いた感情を表していると考えられる。そして，その日1日，great と感じたということなので，大人の鳥とヒナの何らかの好ましい光景が見られたと判断できる。したがって，**2** が正解。

22 やってみよう！

全訳

差出人：タイチ・ヨシダ ‹ta144da@prettymail.com›
受取人：メアリールー・ハリス ‹marylou826harris@gentle.com›
日付：10 月 24 日
件名：ありがとうございます

ハリス先生
僕のことを覚えていてくださるとうれしいのですが。僕は去年，あなたの放課後英語クラスの生徒でした。今年の 6 月に 1 年の交換プログラムを終えて日本に帰ってきました。この秋，僕は地元の大学の入学試験を受け，今ちょうど合格したという手紙を受け取りました！ 僕はそれがとてもうれしく，そして自分が成功したことを誇りに思います。
あなたのクラスに入ったとき，僕は本当にひどい生徒でした。あなたがおっしゃっていることは何ひとつわかりませんでしたが，あなたの素晴らしい指導のおかげでだんだんとあなたや他の人たちが言っていることがわかるようになりました。あなたはとても我慢強く僕を指導してくださいましたし，僕の問題を本当に理解しておられました。
あなたはまた，僕の他の問題，例えば友達をうまく作れないとか，人とコミュニケーションをとるのに苦労していたことについても助けてくださりました。この入試の成功やニュージーランドでの楽しい 1 年は本当にあなたのおかげです。だから僕はあなたにこのメールを書いています。あなたのご親切が本当に僕には大きなことだったことをお知らせし，心からの感謝をお伝えしたいと思います。
心を込めて，
タイチ

---

(1)　**解答** 3

「ハリス先生について正しいことは何ですか」
1 彼女は英語クラスでのタイチのクラスメートだった。
2 彼女は交換プログラムの学生だった。
3 彼女はタイチの英語の先生だった。
4 彼女はニュージーランドでのタイチのホストマザーだった。

解説　送信者が Taichi，受信者が Ms. Harris で，第 1 段落第 2 文に I was a student in your ... course とあることから，**3** が正解だと判断できる。ニュー

ジーランドへの交換留学生として放課後の英語クラスに出ていたのはタイチであり，ハリスと取り違えないようにしたい。

(2)　**解答** 1

「タイチは初めてハリス先生に会ったとき，どんな様子でしたか」
1 英語を理解するのに苦労していた。
2 ニュージーランドにすでに 1 年住んでいて英語を上手に話した。
3 英語の勉強で急速に進歩していた。
4 とても我慢強く自分の問題を解決しようと一生懸命取り組んでいた。

解説　第 2 段落第 1，2 文の terrible student や I didn't understand anything などから，タイチが英語に苦労していたことが読み取れる。よって，**1** が正解。タイチの進歩は gradually だったとあり，**3** は不適。**4** も patient だったのはハリス先生の方なので，不適。

(3)　**解答** 4

「タイチがハリス先生にメールを書いているのは」
1 彼女とよい友達になれてうれしいから。
2 ニュージーランドを離れる前に試験に合格したから。
3 英語でメールを書くのが難しかったから。
4 自分の成功が彼女のおかげだと感じるから。

解説　第 3 段落第 3 文に That's why I'm writing this email とあり，この文の前に理由が書いてあるとわかる。同段落第 1 文でハリス先生が助けてくれたことを詳細に述べて，続く第 2 文で I really owe my success ... to you とまとめて表現しているので，**4** が正解だとわかる。

23 やってみよう！

全訳

MLB 初のアフリカ系アメリカ人選手

　ジャッキー・ロビンソンは MLB──メジャーリーグベースボール──で 1947 年から 1956 年までプレーした非常に人気のある野球選手だった。彼がそんなに有名な理由の 1 つは，彼が MLB でプレーした最初のアフリカ系アメリカ人選手だったからである。彼が 1947 年 4 月 15 日にブルックリン・ドジャースの選手としてデビューするまでは，すべ

てのアフリカ系アメリカ人選手はニグロリーグでプレーしていた。MLBでアフリカ系アメリカ人選手がプレーするなど，誰も考えたことすらなかったのだ。

　ロビンソンのMLBへの昇格は新聞ではおおむね肯定的，好意的に受け入れられたが，ロビンソン本人にとっては簡単ではなかった。多くの白人野球ファンたちは，アフリカ系アメリカ人選手がMLBでプレーすることに怒った。チームメートのほとんどは，チームメートとして彼と協力するよりは彼を遠ざけた。しかしその緊張が見過ごせないほどに高まったとき，チームの監督が自分はロビンソンの味方だと発表した。彼は，ロビンソンと一緒にプレーしたくない者はトレードしてチームから出すと言うことで，ロビンソンがチームにとって非常に重要な選手だということをはっきりさせた。

　彼は少しずつ他の選手たちに素晴らしいチームメートとして受け入れられた。彼は1947年にMLBの年間最優秀新人賞を受け，1949年にはナショナルリーグの最優秀選手賞（MVP）を獲得し，1949年から1954年の間の6シーズン，オールスター戦でプレーした。彼は1962年には野球殿堂入りを果たした。

　彼は53歳のとき心臓発作で亡くなったが，死後もなお尊敬され，愛された。1997年，彼のデビュー記念日である4月15日に，彼の背番号42番は「永久欠番」となった。また，2004年の同日には「ジャッキー・ロビンソン・デー」という伝統が始められた。その日にはすべての選手が背番号42をつけてプレーする。それ以来，4月15日はアメリカの野球界の最も重要な日の1つとされている。

(1)　解答　1

「ジャッキー・ロビンソンが最初にMLBでプレーを始めたときには」

1 リーグは完全に白人選手によって占められていた。

2 彼は他のアフリカ系アメリカ人選手と一緒にプレーを始めた。

3 白人野球ファンにおおむね受け入れられた。

4 MLBはアフリカ系アメリカ人選手を受け入れる用意ができていた。

解説　第1段落の第2，3文より，正解は**1**。ジャッキー・ロビンソンが最初のMLBプレーヤーになったとき，すべてのアフリカ系アメリカ人選手は別のニグロリーグでプレーしていたとあり，MLBには白人選手しかいなかったことがわかる。**3**と**4**は第2段落前半の内容と一致しない。

(2)　解答　3

「チームの監督のロビンソンに対する態度はどうでしたか」

1 他の選手の気持ちを理解してロビンソンを遠ざけた。

2 新聞に記事を書いてロビンソンを擁護しようとした。

3 ロビンソンと協力しない他の選手に腹を立てた。

4 ロビンソンを別の白人選手とトレードしようとした。

解説　第2段落第4文の逆接のButに注目しよう。段落冒頭に書かれているアフリカ系アメリカ人選手に否定的なチーム状況に対して，監督はロビンソンの味方であると発表したと述べられている。具体的には協力しない選手をトレードして外に出すことなので，**3**が正解だと判断できる。**1**や**4**では反対の立場の態度になり，不適切。**2**については書かれていない。

(3)　解答　4

「1949年に，ジャッキー・ロビンソンは」

1 MLBの年間最優秀新人賞をとった。

2 初めてオールスター戦を見た。

3 シーズン終了時にブルックリン・ドジャースを離れた。

4 ナショナルリーグのMVP（最優秀選手賞）をとった。

解説　1949年に起きたことをとらえるのがポイント。第3段落にロビンソンの華やかな活躍についての記載があるが，いくつかの年代と功績が羅列されているので，取り違えないように慎重に読み取りたい。第2文に1949年にナショナルリーグのMVPを獲得したとあり，**4**が正解。**1**は1947年のこと。

(4)　解答　3

「『ジャッキー・ロビンソン・デー』には」

1 彼の背番号が永久欠番になった。

2 MLBの誰も背番号42をつけたユニフォームを着なかった。

3 リーグの全選手が同じ背番号を付けた。

4 それは彼が亡くなった日なので，誰もが彼のことを思い出した。

解説　第4段落第3文の "Jackie Robinson Day" was startedに続く関係副詞whenに注目。関係副詞節がJackie Robinson Dayを説明しており，この部分に正解が書かれている。その日はすべての

チームの全選手が背番号 42 をつけるとあり，**3** が正解。**1** は Jackie Robinson Day が始まる前（1997年）のことで不適。**2** は「永久欠番」の内容になり，不適。ここでの retired は彼の背番号 42 が彼の功績をたたえて他の選手が使えないその選手だけの番号になった（背番号が「引退」し，永久欠番になった）ことを意味する。

合格 LESSON 22〜23 チェックテスト

問題 ➡ 本冊 p.78〜81

[A]

全訳

差出人：ウェンディ・メイソン ‹wendy8383@greenmail.com›
宛先：ハッピーフォンショップ ‹support@happycom.com›
日付：3月14日
件名：私の新しいスマートフォン

ご担当者様

そちらの店舗の 1 つでの経験をお伝えしたくてこのメールを書いています。私は 1 週間前に新しいスマートフォンを買いました。私は長い間，スマートフォンを使うことを拒否して，古いスタイルの携帯電話を使っていましたが，古い携帯電話が壊れたので，ついにスマートフォンを買うことを決心しました。古い携帯電話でウェブサイトをチェックするのに苦労していたのです。

私はスマートフォンのことは何もわからなかったので，御社の販売員の 1 人に助けを求めました。私がスマートフォンについて全くの新米だとわかって，販売員が私をからかったり不親切にしたりするのではないかと心配していました。けれども，すぐに自分が間違っていたことがわかりました。私を助けてくれた女性はとても親切だったのです！　彼女は私の言うことをずっとほほえみながら注意深く聞いてくれ，電話を選ぶのによいアドバイスをしてくれました。また，彼女は私の質問のすべてに本当に親切に答えてくれました。

今も新しいスマートフォンを使うのに苦労していますが，必要なときにはいつでもよい指導を得られるとわかっているので，本当に楽しみながら使っています。友達の何人かから，彼らの電話会社のカスタマーサポートスタッフからの助けが全然得られなかったと聞いています。次にそういうことを聞いたら，私は彼らに御社をすすめるつもりです。本当に

ありがとうございました。
敬具，
ウェンディ・メイソン

(1) 　**解答** **2**

「ウェンディはなぜスマートフォンを買うことにしたのですか」
1 古い携帯電話をなくしたから。
2 古い電話が適正に動かなかったから。
3 長い間スマートフォンを買いたいと思っていたから。
4 彼女の友達がみんなスマートフォンを持っているから。

解説　第 1 段落第 3 文の後半と第 4 文に正解へのヒントが書かれている。スマートフォン購入の理由は「古い携帯電話が故障し，携帯でウェブサイトをチェックするのに苦労していたから」だとあるので，**2** が正解。なお，本文中に **1** や **4** の記述はなく，**3** は第 3 文前半の内容と一致しない。

(2) 　**解答** **3**

「ウェンディが電話店に行ったとき，何が起こりましたか」
1 スマートフォンの割引を受けた。
2 そこにいた客の何人かが彼女をからかった。
3 販売員が彼女に親切に対応してくれた。
4 欲しいスマートフォンが売り切れていた。

解説　第 2 段落の第 3 文冒頭にある逆接の But に注目。段落前半に書かれている自分の心配が無用だったとあり，それ以降では販売員がどんなに親切だったかが述べられている。よって，**3** が正解。本文中にある make fun of の表現につられて，**2** を選ばないようにしたい。

(3) 　**解答** **1**

「ウェンディは時に友達から，スマートフォンについて何を聞きますか」
1 彼らの電話会社が全く助けてくれない。
2 スマートフォンの充電があまりにもすぐに切れてしまう。
3 別の電話会社の電話を買いたい。
4 スマートフォンを使うのを楽しんでいる。

解説　第 3 段落第 2 文後半の that 以下に，正解が書かれている。ウェンディが友人から聞くのは「電話会社のカスタマーサポートスタッフからの助けが全然得られない」という話なので，**1** が正解。本文

中に **2** や **3** に関する記述はなく，**4** はウェンディ本人の感想である。

[B]

チョコレートについての事実

　チョコレートがどのように作られるか知っているだろうか。チョコレートはカカオの木の種から作られる。カカオの種はエンドウのようなさやに入っている。さやは長さが 15 〜 30 センチ，幅が 8 〜 10 センチでフットボールのような形をしている。さやを割ると「カカオパルプ」と呼ばれる柔らかい羊毛のような物質に包まれた 20 〜 60 粒のカカオの種が中に入っている。

　これらの種をパルプと一緒に取り出し，バナナの葉に包んで 1 週間ほど放置する。この過程はヨーグルトや納豆を作る過程と同じように「発酵」と呼ばれる。発酵の後，それらを乾かしてきれいにし，加熱して砕く。その結果得られるものをカカオマスと呼ぶが，チョコレートの香りがし始めていて，少し甘い。それは加熱されて，ココアバターとココアパウダーに分けられる。これらをミルク，または時には植物油や砂糖と混ぜると，さまざまな種類のチョコレートになる。

　ミルクチョコレート 100 グラムは 540 カロリーあり，これはダイエットをしている人には高カロリーだが，ビタミン 12，カルシウム，ミネラル，鉄分などのよい供給源になる。人によっては発汗や頭痛を引き起こすので，食べすぎないように気をつけなければならない。また，人によっては肌のトラブルを引き起こすこともある。

　しかし同時に，最近の調査でチョコレートが脳の血流をよくする助けをするので，高齢者の理解力や記憶力を取り戻したりするのに有用なことがわかった。また，チョコレートは多くの人がくつろいだりよく眠ったりするのを助けるとも言われている。さらなる研究を待つ必要があるが，私たちはチョコレートが大好きで，食べるといつも幸せになるということはみんなが知っている！

(4) 解答 **3**

「カカオの木の種は」

1 1 本につき量にして 10 粒くらいの種が取れる。
2 エンドウのように見え，長さは 8 センチより短い。
3 フットボールのような形をしたさやに含まれている。
4 とても柔らかいので簡単に割ることができる。

解説　カカオの種に関する記述は第 1 段落にあるが，情報を丁寧に読み取るようにしたい。第 3 文の内容から，**3** が正解だと判断できる。ただし，他の選択肢についても，本文中に類似表現があり，紛らわしいので気をつけよう。

(5) 解答 **4**

「発酵の過程では何が行われますか」

1 種がさやの中にあるパルプから取り除かれる。
2 種はさやの中にあるパルプで覆われる。
3 種はヨーグルトや納豆のような食べ物と混ぜられる。
4 種はバナナの葉に包まれて 1 週間放置される。

解説　発酵は第 2 段落のトピックだが，発酵の過程については，第 2 文冒頭の This process に注目。この This から，発酵の過程は直前の文に書いてあることがわかる。したがって，**4** が正解。なお，本文中の能動表現が，正解の選択肢では受動表現になっている点に注意。**3** のヨーグルトや納豆は発酵食品の例として触れられているにすぎず，混ぜるとは書かれていない。

(6) 解答 **2**

「チョコレートがそんなに体に悪いわけではないというのは」

1 ダイエット中の人にとって役に立つから。
2 カルシウムやミネラルを含んでいるから。
3 頭痛を引き起こし，発汗させるから。
4 人によっては肌の問題を解決するかもしれない。

解説　選択肢にある表現の多くが，第 3 段落に見られる点に注目しよう。第 1 文後半の but 以下から **2** が正解だとわかる。他の選択肢に関しても，本文中に類似の表現があるが，これらはいずれもチョコレートを摂取したときのプラス面ではなく，マイナス面として触れられている点を，取り違えないようにしたい。

(7) 解答 **2**

「本文によれば，チョコレートについて正しいものはどれですか」

1 若い研究者の間でますます人気が出てきている。
2 脳の血流を増やす助けになる。
3 眠れなくなるので，食べすぎてはいけない。
4 食べると病気からの回復がより早くなる。

解説　第 4 段落第 1 文の because 以下に「チョコレートが脳の血流をよくする助けをする」とあるこ

とから，**2** が正解だとわかる。**1** に関する言及はなく，**3** は逆にチョコレートは睡眠の促進に役立つと言われているので誤り。**4** については，高齢者の理解力や記憶力の回復には役立つが，病気からの回復に役立つとまでは書かれていない。

問題 ➡ 本冊 p.84〜85

合格 LESSON **24** やってみよう！

問題文の訳

こんにちは！

ねえ，聞いてよ！　先月，僕の誕生日にマウンテンバイクをもらったんだ。家の近くの森の中で僕の（マウンテン）バイクに乗っているよ。マウンテンバイク用の特別なコースがあるんだ。僕のところに来たら，君にも乗せてあげるよ。マウンテンバイクに乗るのは楽しいんだけど，ものすごく汚れるよ。毎回使うたびに洗わなければならないんだ。君は，将来マウンテンバイクはもっと人気が出ると思う？

君の友人，

ジャイルズ

解答　①**6**　②**3**　③**1**　④**2**

解答例

> **Your mountain bike sounds great!** What color is your bike?　And **where was it made**? **About your question**, I think mountain bikes will become more popular in the future because **riding bikes is healthy**.　This is a good way to get exercise and enjoy nature. (45 語)

解答の訳

マウンテンバイクなんてすごいね！　あなたの（マウンテン）バイクは何色なの？　あと，それはどこで作られたの？　あなたの質問に関しては，将来マウンテンバイクはもっと人気が出ると思う。だって，自転車に乗ることは，健康に良いことだから。これって，運動をして自然を楽しむ良い方法だよ。

解説　この問題では，下線が引かれた a mountain bike「マウンテンバイク」がトピックだとわかる。続けて，家の近くの森の中にある特別なコースで乗っていることや，君にも乗せてあげるという思いを伝えている。その後，マウンテンバイクが汚れやすいという難点を1つ挙げたあとで，「将来的にマウンテンバイクがもっと人気になるかどうか」を尋ねている。

実際の試験では，今回の解答欄にあるような構成を示すヒント（〈　〉内の文字）はないが，同じ形式

で解答を書くことに変わりはないので，しっかりと返信メールの「型」を覚えるようにしよう。

まず①には感想が入る。相手がマウンテンバイクをもらって喜んでいることに対する感想として，「いいね」や「うらやましい」，「驚いたよ」などの感想が予想される。そこで選択肢を見ると，**6** が入ることがわかる。続けて，質問1としてマウンテンバイクの色を尋ねている。そして And から続く質問2として②に入る疑問文を選択肢から探すと，「どこで作られたか」を問う **3** を選べる。相手のメールからわかる内容（どこで乗るか）を尋ねている **7** を選ばないようにしよう。その後，相手からの質問に答えるが，まずは話題を切り替えるつなぎ言葉が欲しい。よって，③には **1** が入る。そして，④には「もっと人気が出る」と考える理由が入るが，接続詞 because に続いているので，「主語＋動詞」を含む「節」が入ると予測できる。節の形を取り，意味的に通じるのは **2**。最後に，補足としてもう一文を付け足して，メールを結んでいる。

順序は必ずしもこの通りでなくてもよいが，こうした「展開のパターン」を覚えておくと書きやすい。重要なのは，された質問への答えと，下線部についての相手への質問2つを必ず含めるということだ。

なお，参考までに選択肢以外の解答例としては，①では Sounds great!「いいね！」，I'm jealous! / You're lucky!「うらやましい！」，That's fantastic!「それはすばらしい！」，などの言い方もできるだろう。②では他に，Is your bike expensive?「あなたの自転車は高価なの？」，Do your friends also have their own mountain bikes?「あなたの友人たちもマウンテンバイクを持っているの？」のように，値段や友人の所有状況などを聞いてもよいだろう。③は Lesson 24 の解説内の「使える表現」にもあったように，As for your question としても可。最後に，④は riding bikes is fun [good for our health]「自転車に乗ることは楽しい [健康に良い]」，とすることもできる。

合格 LESSON 25 やってみよう！

問題文の訳

こんにちは！

ねえ，聞いて！　町の音楽教室でギターのレッスンを受け始めたんだ。私はピアノを習いたかったんだけど，お母さんがピアノは高すぎるって言ったの。その代わりにギターを弾くよう勧めてくれたんだ。これまでに2つの曲を習ったので，あなたが家に来たらそれらを弾いてあげるね。ギターを習うことは楽しいんだけど，先生が厳しいの。毎日練習しなければだめだって彼女は言うのよ。あなたは，若い人たちはみんな楽器を習うべきだと思う？

あなたの友人，

ナターシャ

解答例

I'm surprised that you started taking guitar lessons. Do you take your lessons after school? And how many students are in your class? About your question, I don't think so. Some people like doing sports and other people enjoy doing art. Everybody should be allowed to choose what they learn. (50 語)

解答例の訳

あなたがギターのレッスンを受け始めたということに驚いているよ。ギターのレッスンは放課後に受けているの？　あと，あなたの（ギターの）クラスには何人の生徒がいるの？　あなたの質問についてだけど，私はそうは思わないな。運動が好きな人もいれば，芸術を楽しむ人もいるしね。みんな，自分が習うことを選べるべきだよ。

解説

この問題のトピックは「ギターのレッスンを受け始めた」という出来事である。まず，レッスンを受けていることを伝えたあと，その状況に至った背景を説明している。そして，ギターの練習は楽しい反面，先生が厳しい点に触れて，「若い人たちはみんな楽器を習うべきかどうか」を尋ねている。

この問題も構成を示すヒント（< >内の文字）に従って解答すればよいが，実際の試験の解答用紙にはヒントは書かれていないので，返信メールの展開のパターンをしっかりと頭に入れておきたい。

まずは，「ギターのレッスンを受け始めた」という報告に対する感想を書く。解答例では，I'm surprised that ... という表現を使って，驚きを伝えている。その他，It's great [good] that ...「…とは

すごいね」や That's great!「それはいいね！」などと書いてもよい。

次に，下線部に関する質問を2つ書く。ここでは具体的な内容を問う質問をする点に注意したい。解答例では，1つ目に「レッスンは放課後に受けているのか」を聞き，2つ目の質問として「（ギターの）クラスにいる生徒の数」を尋ねている。この他の質問の例としては，Is the music school near your house?「音楽教室は家から近いのか」や How many lessons do you have in a week?「週に何回ギターのレッスンがあるのか」などが考えられるだろう。

そして，相手の質問に答える前に，話題を転換するつなぎ言葉 About [As for] your question を入れるとよい。解答例では否定的な立場に立って，「楽器に限定せず好きなものを習うべきだ」と書いている。否定の立場の場合，I disagree.「同意しない」などと短く述べてもよい。また，根拠としては，Musical instruments are expensive in general.「一般的に楽器は高額だ」や We can't always find a music school near our house.「必ずしも近くに音楽教室が見つかるとは限らない」のように書くこともできるだろう。

一方，質問に賛同する場合は，I agree.「同意する」や I think so.「そう思う」などの言葉に続けて，Performance technique will be the treasure of our life.「演奏技術は一生の財産になるだろう」や Music makes our life rich.「音楽は人生を豊かにする」のような根拠を述べてもよいだろう。

合格 LESSON 26 やってみよう！

QUESTION の訳

生徒たちは学校でダンスの仕方を学ぶべきだと思いますか。

解答

① I think [believe] (that)　② First (of all) / To begin with　③ Second / Next / Also　④ Thus / Therefore / For these reasons

解答例

I think students should learn how to dance at school. **First**, dancing can be a good exercise. It can help students stay healthy. **Also**, it can improve communication skills. By dancing in a group, they can learn to cooperate with one another. **Thus**, I think students should learn how to dance at school. (53 語)

訳 私は生徒たちは学校でダンスの仕方を学ぶべきだと思います。第一に，ダンスをすることはよい運動になります。それは生徒たちが健康的でいるのに役立ちます。また，ダンスはコミュニケーション能力を向上させることができます。団体で踊ることによって，彼らは互いに協力することを学べます。したがって，私は生徒たちは学校でダンスの仕方を学ぶべきだと思います。

解説 ①には I think (that) などの意見を述べるときの表現を入れる。②には First などの1つ目の理由を述べるときの表現を入れる。③には Second などの2つ目の理由を述べるときの表現を入れる。④には Thus などの結論を表すときの表現を入れる。完成した文は，Yes の立場を明らかにしたあと，2文目以降でその理由を First, ...「第一に…」，Also, ...「また…」を用いて説明している。1つ目の理由として「ダンスはよい運動になる」という点を，2つ目として「ダンスはコミュニケーション能力を向上させる」という点を述べている。また，それぞれの理由の後にその理由の裏付けとなる文を続けて，①よい運動になる→体を健康に保つ，②コミュニケーション能力を向上させる→団体行動での協力が身につく，のように論を展開することで，読み手に説得力を持たせる工夫をしている。そして〈結論〉では，Thus「したがって」を用い，文章を締めくくっている。

問題 ➡ 本冊 p.93

合格 LESSON 27 やってみよう！

QUESTION の訳
授業でコンピュータを使うことは小学生にとってよいと思いますか。

解答 ①**5** ②**2**

解答例 I think it is good for children to use computers in elementary schools. First, **computer skills are important in today's society.** Children can become familiar with computers by using them in class. Second, **they will enjoy their classes more.** Various kinds of functions will make their studies more exciting. Thus, I think using computers in class is good for children. (60 語)

訳 私は小学校でコンピュータを使うことは子供たちにとってよいと思います。第一に，今日の社会でコンピュータの技術は重要です。子供たちはそれを授業で使うことによってコンピュータに慣れることができます。第二に，彼らはより授業を楽しめるでしょう。さまざまな機能は子供たちの学習をわくわくするものにするでしょう。したがって，私は授業でコンピュータを使うことは子供たちにとってよいと思います。

解説 選択肢は，**1**「彼らはするべき宿題がたくさんある」，**2**「彼らはより授業を楽しめる」，**3**「コンピュータゲームは小学生にとって楽しい」，**4**「コンピュータを使える先生が十分にいない」，**5**「今日の社会でコンピュータの技術が重要だ」，**6**「学校には十分なコンピュータがない」。この英文は第1文から，Yes の立場で述べられているとわかるので，学校でのコンピュータ学習に否定的な **4** と **6** は除外できる。1つ目の理由の〈裏付け〉に「子供たちがコンピュータに慣れることができる」とあるので，〈理由1〉としてはコンピュータ技術の重要性について述べている **5** を入れるとうまくつながる。2つ目の理由の〈裏付け〉にコンピュータ学習の子供たちにもたらす利点が述べられているので，〈理由2〉としては授業が楽しくなるという **2** が適切。

問題 ➡ 本冊 p.95

合格 LESSON 28 やってみよう！

QUESTION の訳
あなたはアルバイトをすることは生徒たちにとってよいと思いますか。

解答例（1）（Yes）I think that working part-time is good for students. First, it can help them choose a job in the future. They can learn what it is like to work and prepare themselves for working. Second, they can understand the importance of money if they make it themselves. This will prevent them from wasting money. (54 語)

訳 私はアルバイトをすることは生徒たちにとってよいと思います。第一に，彼らが将来仕事を選ぶのに役立つかもしれません。彼らは働くとはどういうことなのか学ぶことができ，働く準備ができます。第二に，彼らは自分で稼げばお金の重要さを理解できます。これは彼らが無駄遣いをするのを防ぐでしょう。

● ● ●

解答例(2) (No) No, I don't think so. First of all, what students need to do is to study. If they work part-time, they will have less time and energy for studying. Also, if they have extra money, they will spend it on something unnecessary. For these reasons, I don't think students should do a part-time job. (54 語)

訳 いいえ，私はそう思いません。まず第一に，生徒たちがしなければならないことは勉強することです。アルバイトをしたら，彼らは勉強する時間と気力が減るでしょう。また，余分なお金があると，それを何か必要ないものに使ってしまうでしょう。これらの理由で，私は生徒たちはアルバイトするべきではないと思います。

・・・

解説 Yes の立場の 解答例(1) では，First, …「第一に…」，Second, …「第二に…」という表現を用いて，アルバイトの利点について理由を2つ述べている。1つ目として，将来の職業選択に役立つ点を挙げ，2つ目にお金の重要さを理解できる点を指摘している。そして，それぞれの〈裏付け〉として，①働くことを学ぶことによって，労働への準備ができること，②自分でお金を稼ぐと無駄遣いが減ると思われること，の2点に言及している。なお，この解答例では，結論としてのまとめの文が省略されている。字数によっては，結論は省略できるということも覚えておこう。

一方，解答例(2) ではNo の立場から，First of all, …「まず第一に…」，Also, …「また…」という表現を用いて，アルバイトが望ましくない理由を2つ書いている。1つ目に，生徒がしなければならないことはアルバイトではなく勉強である点を挙げ，2つ目に，余分なお金を手にすることによる無駄遣いを指摘している。〈裏付け〉としては，1つ目の理由に関して，アルバイトに時間を取られると，学習への時間や気力がなくなることに触れている。この解答例では，2つ目の理由には〈裏付け〉がないが，その代わりに，For these reasons …「これらの理由で…」という表現を用いて，結論としてのまとめの文で締めくくっている。

5

問題文の訳

こんにちは！

ねえ，聞いて！ おじいちゃんが私の誕生日にアクションカメラを買ってくれたんだ。そのカメラはとても小さいから，頭につけることができるんだよ。スノーボードをするときに動画を撮って，友達にその動画をシェアするのが好きなんだ。先週末に撮った動画をあなたに送るね。アクションカメラは便利なんだけど，問題もある。買うのにたくさんのお金がかかるんだ。あなたは，将来アクションカメラはもっと人気が出ると思う？

あなたの友人，

サフィーナ

解答例

I wish I had an action camera. Is your camera easy to use? And how much did it cost? About your question, I think action cameras will become more popular. There are many websites where people can share videos. I think more people will use these sites in the future. (50 語)

解答例の訳

私にもアクションカメラがあったらいいのにな。あなたのアクションカメラは使いやすい？ そしていくらしたの？ あなたの質問についてだけど，将来アクションカメラはもっと人気が出ると思う。自分たちの動画をシェアできるウェブサイトがたくさんあるんだもの。将来，もっと多くの人がこうしたサイトを利用するようになると思うよ。

解説 この問題のトピックは祖父に買ってもらった「アクションカメラ」で，それを使って楽しんでいる様子を述べたあと，難点として「アクションカメラ」が高価なことに触れて，将来的に「アクションカメラはもっと人気が出るかどうか」を尋ねている。

解答を書く際には，問題冒頭に書かれている条件に従うことが欠かせない。つまり，「下線部の特徴を問う具体的な質問を2つ」と「相手からの質問に対する回答」を含めた上で，指定された語数で書かなければならない。

解答例では，まず「アクションカメラを買った」という報告に対する感想として，「自分にもアクショ

ンカメラがあったらいいのにな」と仮定法表現を用いて相手をうらやましく思う気持ちを書いている。うらやましく思う気持ちは，Sounds great! / I'm jealous! / You're lucky! / That's fantastic! などの表現で表してもよい。

　次に，下線部の特徴を問う 2 つの質問として，「使いやすいか」と「いくらしたか」の 2 点を尋ねている。他にも，外見的な特徴として What color is it?「色は何色？」や，機能面に関して How long can you keep using it?「どれくらいの間使い続けられるの？」などと問うこともできるだろう。

　最後に相手の質問への回答だが，About your question というフレーズを用いて話題の転換を示したあと，「将来もっと人気が出ると思う」と，賛同の立場を明確に述べている。続いて，その根拠として，動画をシェアできるウェブサイトの存在に言及し，将来的にこうしたサイトの利用者が増えるだろうということを挙げている。ここでのポイントは，「自分の立場（意見）」と「そう考える理由」を明確に述べることだ。解答例の他には，They might be smaller and easier to carry around in the future.「アクションカメラは将来的にもっと小さく持ち運びやすくなるかもしれない」などと述べることもできるだろう。一方，逆の立場としては，We can use smartphones to take videos.「動画撮影をするのにスマートフォンを使うことができる」や It will take some time for them to become low-priced.「価格が下がるまでには時間を要するだろう」といった点を指摘することも可能だ。

6

スマートフォンを使い始めるのに最適な年齢は何歳ですか。

───────────────────

解答例 1 I think it is 12. First, 12-year-old children can learn how to use a smartphone safely. They are old enough to understand the dangers of the Internet. Second, at that age, they might sometimes come home late. Parents can feel safe if their children have a smartphone. Thus, I think 12 is the best age to start using a smartphone. (60 語)

訳　私は 12 歳だと思います。第一に，12 歳の子供は，スマートフォンの安全な使い方を学ぶことができます。インターネットの危険性を理解するのに十分な年齢です。第二に，その年齢では，彼らは時に遅く帰宅することもあるかもしれません。親は子供がスマートフォンを持っていれば安全だと感じることができるでしょう。したがって，私は 12 歳がスマートフォンを使い始めるのによい年齢だと思います。

● ● ●

解答例 2 I think it is 15 years old, when people enter high school. First, smartphones are useful tools for them to communicate with their friends. They can make new friends in high school and keep in touch with their friends from junior high school. Also, they can use smartphones for studying. There are many useful applications they can use. (58 語)

訳　高校に入学する 15 歳だと私は思います。第一に，スマートフォンは彼らが友達とコミュニケーションを取るのに役立つ道具です。高校で新しい友達を作り，中学校の友達と連絡を取り合うことができます。また，彼らはスマートフォンを勉強に使うことができます。彼らが使える有益なアプリケーションがたくさんあります。

● ● ●

解説　この問題では，賛否の立場（Yes/No）の表明ではなく，具体的な年齢とその理由付けが求められる点に注意したい。

　解答例 1 では，12 歳という年齢を挙げて，2 文目以降でその理由を First, ...「第一に…」，Second, ...「第二に…」という表現を用いて説明している。1 つ目の理由としては「12 歳はスマートフォンの安

全な使い方を理解できる年齢だ」と述べ，〈裏付け〉として「インターネットの危険性も十分に理解できる」ことに触れている。また，2つ目の理由で「子供の遅い帰宅時間への対応」という点を指摘し，「スマートフォンを持たせることで親が安心する」と続けている。そして，最後にまとめの1文で締めくくっている。

一方，解答例（2）では高校に入学する15歳を最適年齢だとして，2文目以降でその理由をFirst, ...「第一に…」，Also, ...「また…」を用いて説明している。理由の1つ目として，友達とのコミュニケーションに役立つ道具だと指摘し，2つ目にスマートフォンは勉強にも使える点を挙げている。そして，それぞれの裏付けとして，①新しい友達作りや旧友との連絡にも使える点や，②勉強に有益なアプリケーションが利用できる点などに言及している。なお，この解答例では，結論としてのまとめの文が省略されている。

問題 ⇒ 本冊 p.101

合格 LESSON 29 やってみよう！ 🎵 22

(1) 解答 1

☆：Hey, we're all going out to lunch now. Would you like to join us?

★：I'd love to, but I have to finish this presentation by today.

☆：That's too bad. I'll help you when I get back.

1 That's so kind of you. I'd appreciate that!

2 What a shame! You must be very busy.

3 Don't blame me. I did my best.

☆：ねえ，今みんなで昼ご飯を食べに行くところなの。一緒に行く？

★：そうしたいけど，このプレゼンを今日中に仕上げないといけないんだ。

☆：それは残念。戻ったら手伝うわ。

1 それはご親切に。助かるよ！

2 それは残念！ あなたはとても忙しいに違いない。

3 僕を責めないでよ。最善を尽くしたんだ。

解説　男性のI'd love to, but ... の発言から，女性の誘いを断っていることがわかる。さらに，女性がI'll help you when I get back. と言っているので，その応答としては感謝の言葉が予想される。した

がって，**1**が正解。

(2) 解答 2

☆：Christopher, will you turn down the music? Your sister is resting.

★：What's wrong with her?

☆：She has a headache.

1 Hmm, I think I need to sleep more.

2 That's too bad. I hope she gets better soon.

3 Well, she is in the hospital now.

☆：クリストファー，もう少し音楽の音量を下げてくれる？ お姉ちゃんが休んでいるのよ。

★：お姉ちゃん，どうしたの？

☆：頭が痛いの。

1 うーん，僕はもっと寝なければ。

2 それはいけないね。すぐよくなるといいね。

3 ええと，彼女は今，入院しているよ。

解説　姉が休んでいる理由を尋ねる男の子に対し，女性は「頭が痛い」と答えているので，その返答として，**2**が適切。女性の最初の発言から，男の子は姉と同じ場所にいると考えられるので，**3**は不自然。

(3) 解答 1

☆：Dad, are you busy right now?

★：What is it Jane?

☆：Well, I don't understand this math problem.

1 You should ask your mother. Math was her favorite subject.

2 Let me do it. It's my problem.

3 No problem. Take your time.

☆：パパ，今忙しい？

★：何だい，ジェーン？

☆：ええと，この数学の問題がわからないの。

1 ママに聞いた方がいいよ。数学はママの大好きな科目だったから。

2 僕がやってあげよう。僕の問題だから。

3 問題ないよ。ゆっくりやりなさい。

解説　最後の女の子の発言が「数学の問題がわからない（から教えて）」と言っていることが聞き取れれば，**1**が正解だと判断できる。**2**は後半のIt's my problem. が不自然。Let me do it. だけを聞いて，慌てて判断しないようにしたい。

(4) 解答 **1**

☆：Excuse me, waiter. I'd like to move to a different table.

★：Certainly madam. The table by the window is free. Would that be acceptable?

☆：Actually, I'd prefer to sit at that empty table at the back, near the kitchen.

1 No problem. I'll help you move your things.

2 That's nice. I'd like to have a window seat.

3 I'm afraid not. We are taking last orders now.

☆：すみません。テーブルを移動したいのですが。

★：かしこまりました。窓際のテーブルが空いております。よろしいでしょうか。

☆：実は，後ろの空いているテーブルがいいのですが，キッチンの近くです。

1 問題ありません。移動するのをお手伝いします。

2 それはいいですね。窓際の席をお願いします。

3 残念ですが，できません。今ラストオーダーを取っています。

解説　最初の発言で，レストランで女性客がウエーターに呼びかけているとわかる。キッチンのそばのテーブルに移動したいという要望に対し，No problem. で応じ「お手伝いします」と申し出ている **1** が正解。**2** は女性は窓際の席を希望していないので不適切。**3** は一度 Certainly と応じているので不適切。

問題 ➡ 本冊 p.103

合格 LESSON 30 やってみよう！
♪ 24

(1) 解答 **4**

★：How did you do on your history test, Judy?

☆：Pretty good actually. How about you, Colin?

★：Not so good. I had a fever the day before and couldn't study.

☆：That's too bad. I hope you'll do better on the next one.

Question: Why didn't the boy do well on the history test?

★：歴史のテストはどうだった，ジュディ？

☆：実はとてもよかったわ。あなたはどうだった，

コリン？

★：あまりよくなかったよ。前日に熱があって勉強できなかったんだ。

☆：それはいけないわね。次のテストではもっとうまくいくといいわね。

質問：男の子はなぜ歴史のテストがあまりよくなかったのですか。

1 家に教科書を持って帰るのを忘れた。

2 テストの前の晩寝てしまった。

3 どの部分を勉強したらいいのかわからなかった。

4 具合が悪かったので勉強しなかった。

解説　選択肢の textbooks, test, study などから話題はテストや勉強のことだと推測できる。テストの出来がよくなかった理由については 2 回目の男の子の I had a fever the day before and couldn't study. という発言を言い換えた，**4** が正解。

(2) 解答 **2**

★：Excuse me, I'm looking for a scarf for my Mom. What do you recommend?

☆：Well, this silk scarf is very popular this season.

★：Hmm … it's quite expensive. Do you have scarves which aren't silk?

☆：Yes, we do. These are cotton and easy to clean. You can wash them at home.

Question: What does the man tell the woman about scarves?

★：すみません，母にあげるスカーフを探しているんです。何がおすすめですか。

☆：そうですね，このシルクのスカーフは今シーズンとても人気があるんですよ。

★：うーん…かなり値段が高いですね。シルクじゃないスカーフはありますか。

☆：ええ，ありますよ。これらはコットンで洗濯しやすいです。家で洗えますよ。

質問：スカーフについて男性は女性に何と言っていますか。

1 家で洗えるスカーフが欲しい。

2 シルクのスカーフは値段が高すぎると思う。

3 母親はすでにシルクのスカーフを持っている。

4 母親は人気のスカーフが欲しい。

解説　選択肢のすべてに scarf と入っているので，話題はスカーフであると推測する。1 回目の発言でシルクのスカーフをすすめる女性に対し，男性は it's quite expensive と反応しているので，**2** が正解。

(3) 解答 **2**

★：Hi Kumi! I heard you did a homestay in New Zealand. How was it?
☆：It was great! My host mother was a good cook, and her daughter Megan was the same age as me, so we spent a lot time together.
★：What did you do?
☆：We listened to a lot of music, and we went shopping together.

Question: What is one thing we learn about Kumi?

★：やあ，クミ！ 夏休みにニュージーランドでホームステイをしたって聞いたよ。どうだった？
☆：素晴らしかったわ！ 私のホストマザーはとても料理上手で，娘のメーガンが私と同じ年だったから，私たちはたくさんの時間を一緒に過ごしたわ。
★：何をしたの？
☆：私たちはたくさんの音楽を聞いたり，一緒に買い物に行ったりしたわ。

質問：クミについてわかることの 1 つは何ですか。
1 彼女はメーガンとピアノを弾いた。
2 彼女はメーガンと買い物をした。
3 メーガンは彼女より年上だ。
4 メーガンは料理が得意だ。

解説 選択肢にはすべて Megan という人名が入っているので，その名前が出てきたら特に注意して聞こう。女の子の 1 回目の発言で「メーガンとたくさんの時間を一緒に過ごした」と述べ，2 回目の発言で「買い物に行った」と述べているので，**2** が正解。

(4) 解答 **3**

☆：Patrick, can you go to the store to get some cheese and bread?
★：No problem, Mom. Can I also get some snacks and soda?
☆：You know I don't like you drinking so much soda. Why don't you get some juice instead?
★：All right, I'll get some orange juice then.

Question: What will the boy probably do?

☆：パトリック，チーズとパンを買いにお店へ行っ

てきてくれる？
★：かまわないよ，ママ。おやつと炭酸飲料も買っていい？
☆：私があなたにあまり炭酸飲料を飲んでほしくないのはわかっているわよね。代わりにジュースを買うのはどう？
★：わかった，じゃあオレンジジュースを買うよ。

質問：男の子はおそらく何をしますか。
1 パンを切る。
2 新鮮なオレンジジュースを作る。
3 母親のために買い物に行く。
4 炭酸飲料を飲む。

解説 選択肢はすべて動詞で始まっているので，誰かの行動について問われると予測する。女性（母親）の 1 回目の発言の can you go to the store ...? から，女性が男の子に買い物を頼んでいる場面であることがわかり，男の子は No problem と承諾しているので，**3** が正解。

問題 ➡ 本冊 p.105

合格 LESSON **31** やってみよう！ 🎵 **26**

(1) 解答 **1**

☆：Hello, McLane Children's Hospital.
★：My son has a headache. Is it too late to see Dr. White today?
☆：We close in twenty minutes so you need to hurry.
★：We don't live too far away so we should be there quickly.

Question: Why does the man and his son have to hurry?

☆：もしもし。マクレーン子供病院です。
★：息子に頭痛があるんです。今日ホワイト先生に診てもらうには遅すぎますか。
☆：あと 20 分で閉まりますので，お急ぎいただかなければなりません。
★：そんなに離れていないところに住んでいるので，すぐに行けると思います。

質問：男性とその息子はなぜ急がないといけないのですか。
1 病院がまもなく閉まるから。
2 息子がけがをしたから。
3 病院から離れたところに住んでいるから。
4 歩いて病院へ行くから。

解説 最初のやりとりに出てくる Hospital や headache などから，病院との電話だとわかる。2回目の女性の発言 We close in twenty minutes so you need to hurry. から，正解は **1**。in twenty minutes「20分後に」がわからなくても，close や hurry からも正解が推測できるだろう。

(2) 解答 **3**

★ : Hi, can I help you?

☆ : Yes, I have a party to attend next month. Do you have any dresses?

★ : You're in luck! These dresses just came in today. Would you like to try one on?

☆ : Yes, can I try on the red one and pink one?

Question: What will the woman do next?

★ : こんにちは。何かお探しですか。

☆ : ええ，来月パーティーに出席するんです。ドレスはありますか。

★ : お客さま，運がいいですよ！ 今日ちょうどこれらのドレスが入ってきたんです。試着なさいますか。

☆ : ええ，その赤とピンクのを試着できますか。

質問：女性は次に何をしますか。

1 ドレスの料金を支払う。
2 ドレスを2着買う。
3 何着かドレスを着てみる。
4 パーティーに出席する。

解説 最初のやりとりの can I help you? や Do you have any dresses? から，洋服店での会話だと把握する。最後の女性の発言より，**3** が正解。try on ~ は「~を試着する」の意味。この段階では，**1** や **2** のようにまだ「購入する」とは決めていない。**4** は来月の行動である。

(3) 解答 **4**

★ : Excuse me, is there a post office near here?

☆ : Yes, there's one outside the hotel down the street on your left. It's next to the flower shop.

★ : Thank you so much. Can I get there on foot?

☆ : Yes. It's not so far from here.

Question: What does the man want to do?

★ : すみません，この近くに郵便局はありますか。

☆ : ええ，ホテルの外に出て通りを行った左手に1つありますよ。花屋の隣です。

★ : どうもありがとう。そこには徒歩で行けますか。

☆ : はい。ここからそんなに遠くありません。

質問：男性は何をしたいのですか。

1 ホテルに歩いて帰る。
2 花を買う。
3 友達に手紙を出す。
4 郵便局を見つける。

解説 冒頭の Excuse me, is there a post office near here? から，ホテルで知らない人に道を尋ねている場面だと把握でき，この部分から，正解は **4** とわかる。郵便局で何をするかは述べていないので，**3** は不適。

(4) 解答 **1**

☆ : Hello, are you ready to order?

★ : I can't decide whether to get the pineapple chicken burger or the fish and chips.

☆ : Well, the fish and chips is our most popular item, but the burger is our seasonal special.

★ : In that case, I'll have the burger. I'd also like a large glass of orange juice and a fruit salad.

Question: What is one thing the man ordered?

☆ : こんにちは。ご注文はお決まりですか。

★ : パイナップルチキンバーガーにするかフィッシュアンドチップスにするか決められないんです。

☆ : そうですね，フィッシュアンドチップスは当店で一番人気の商品ですが，バーガーは私どもの季節の特別料理なんですよ。

★ : それなら，バーガーをお願いします。オレンジジュースのLサイズとフルーツサラダもください。

質問：男性が注文したものの1つは何ですか。

1 パイナップルチキンバーガー。
2 フィッシュアンドチップス。
3 チキンサラダ。
4 季節の特別な飲み物。

解説 選択肢には食べ物や飲み物の名前が並んでいるのでそれらを注意して聞き取るようにしたい。男性の2回目の発言の I'll have the burger より，

正解は**1**。**2**は迷った挙句に取りやめたもの。注文したサラダはフルーツサラダで，飲み物も特別なものではないので，**3**と**4**も不適。

問題 ➡ 本冊 p.106 ～ 107

合格 LESSON 29～31 チェックテスト

🎵 27 ～ 🎵 28

(1) 解答 2

☆：Hello?
★：Hi, Mrs. Wales. May I speak to Sofia?
☆：I'm sorry, but she's having her violin lesson now. Do you want me to take a message?
1 I see. See you tomorrow.
2 Yes, please tell her to call me back when she's finished.
3 No, I didn't mean it. I have to go now.

☆：もしもし。
★：こんにちは，ウェールズさん。ソフィアをお願いできますか。
☆：ごめんなさい。今バイオリンのレッスン中なのよ。伝言しましょうか。
1 なるほど。では明日。
2 ええ，終わったら私に電話するように言ってください。
3 いいえ，そんなつもりではありません。もう行かなくては。

解説　男性の発言から，電話でのやりとりだとわかる。最後の女性の発言が正しく聞き取れるかが決め手。「伝言をしましょうか」と言っているので，応答として「伝言メッセージ」を伝えている**2**が正解。

(2) 解答 1

★：Hi, you're Mary, aren't you? I'm Greg. We're in the same art class.
☆：Yeah, I thought you looked familiar.
★：This cafeteria is really crowded today. Do you mind if I sit with you?
1 No, not at all. Go ahead.
2 Sure, the food here is not so great.
3 Yes, there are a lot of classes.

★：こんにちは，君はメアリーだよね？　僕はグレッグだよ。僕たち美術のクラスで一緒だよね。
☆：ええ，見覚えがあると思ったわ。

★：今日このカフェテリアはすごく混んでいるんだ。一緒に座ってもかまわない？
1 ええ，全然かまわないわよ。どうぞ座って。
2 もちろん，ここの食べ物はあまりおいしくないわ。
3 いや，クラスはたくさんあるわ。

解説　冒頭の I'm Greg. We're in the same art class. から，生徒同士の会話だとわかる。男の子の最後の発言 Do you mind if ...? に対し了承する場合，応答が No の表現になることに注意。混雑したカフェで相席を求められ，了承している**1**が正解。**2**の味と**3**のクラスの数は話題になっていない。

(3) 解答 1

☆：Welcome to Elmo's Electronics. Can I help you?
★：I bought this laptop computer last week but it's making a funny noise.
☆：Let me have a look at it.
1 Thanks. I'd like to have it fixed by tomorrow.
2 No. I don't have my receipt with me.
3 I see. It might take a while to get there.

☆：こんにちは，エルモ電子機器へようこそ。何かお困りですか。
★：先週このノートパソコンを買ったんですが，変な音がするんです。
☆：ちょっと見せてください。
1 ありがとう。明日までに修理してほしいんです。
2 いいえ。レシートは持っていません。
3 なるほど。そこに着くには時間がかかるかもしれません。

解説　冒頭の Welcome to Elmo's Electronics. から電器店での会話だとわかる。コンピュータの不調を訴える客に対して，店員が「ちょっと見せてください」と言っているので，会話の流れとして修理を依頼する**1**が正解だと判断できる。**2**のレシートは話題になく，**3**は there の指す内容が不明。

(4) 解答 3

★：Did you hear that Maria is going to play in the band at the international festival tomorrow?
☆：Oh, I haven't seen her since we graduated from high school!

★ : Shall we go there together to see her play?
1 Great. I don't like listening to music.
2 Yeah. It was nice talking to her.
3 Sure. That'll be fun.

★ : 明日，国際フェスティバルでマリアがバンドで演奏するって聞いた？
☆ : まあ，彼女には高校を卒業して以来会ってないわ！
★ : 彼女の演奏を見に一緒にそこへ行かない？
1 いいわね。私は音楽を聞くのが好きではないの。
2 ええ。彼女と話せてよかったわ。
3 もちろん。楽しそうね。

解説　最後の発言で男性が女性を国際フェスティバルへ誘っているが，どの選択肢も一言目は自然で，後半が判断のポイントとなる。**1**は音楽が嫌いなら演奏を聞きには行かないだろうし，**2**は女性の卒業以来マリアに会っていないという発言に矛盾。**3**が正解。

(5) 解答 **2**

★ : Hello. May I speak to Norah please?
☆ : I'm sorry, there isn't anyone here by that name.
★ : Oh, I must have made a mistake when dialing.
☆ : Yes, it seems like you have the wrong number. I hope you are able to get in touch with your friend.
Question: What is the man's problem?

★ : もしもし。ノラをお願いできますか。
☆ : すみません，こちらにはそんな名前の人はいませんが。
★ : ああ，ダイヤルするときに間違えたんだな。
☆ : ええ，番号間違いのようですね。お友達と連絡がつくといいですね。
質問：男性の問題は何ですか。
1 間違った人を呼び出そうとした。
2 間違った番号をダイヤルした。
3 友達の家を見つけられない。
4 友達の番号を知らない。

解説　男性の最初の発言から，電話でのやりとりだとわかる。男性の made a mistake when dialing や女性の you have the wrong number などから，男性が誤った番号に電話をかけたと推測され，**2**が正解。

(6) 解答 **4**

★ : Mrs. Smith, I forgot to bring my homework.
☆ : Marcus, why did you forget it?
★ : I woke up late and was in a hurry to catch the bus. I even forgot my lunch.
☆ : I see. Make sure to bring it tomorrow.
Question: What is the boy's problem?

★ : スミス先生，宿題を持ってくるのを忘れました。
☆ : マーカス，どうして忘れたの？
★ : 寝坊して，バスに間に合うよう急いでいたんです。お弁当すら忘れてしまいました。
☆ : なるほど。明日必ず持ってきなさいね。
質問：男の子の問題は何ですか。
1 彼はバスに乗り遅れた。
2 彼はお弁当を取りに家に戻った。
3 先生に会うのを忘れた。
4 宿題を持ってこなかった。

解説　冒頭の Mrs. Smith, I forgot to bring my homework. から，学校での生徒と先生の会話だとわかる。この部分から，**4**が正解。男の子の2回目の発言の「バスに間に合うように急いだ」，「お弁当すら忘れた」という内容から**1**と**2**は不適。

(7) 解答 **3**

☆ : Excuse me, I'm looking for the magazine, *Wildlife Species* but I can't find it.
★ : Let me check on the computer here. It says that *Wildlife Species* goes on sale the first Tuesday of every month. We should have some in the store tomorrow.
☆ : Is it Monday today? For some reason, I thought it was already Tuesday.
★ : I see. Oh, you should come early tomorrow. We are handing out special *Wildlife* calendars to the first 50 customers for free!
Question: What does the man suggest the woman do?

☆ : すみません。雑誌『ワイルドライフ・スピーシーズ』を探しているんですが，見つからないんです。
★ : こちらのコンピュータで調べてみましょう。『ワイルドライフ・スピーシーズ』は毎月第1火曜日に発売されると書いてあります。明日，

店に入ってきますが。

☆：今日は月曜日ですか。なぜか，今日はもう火曜日だと思っていたわ。

★：そうなんですね。ああ，明日は早く来た方がいいですよ。先着50名のお客さまに『ワイルドライフ』のカレンダーを無料でお配りしますので！

質問：男性は女性に何をするよう提案していますか。

1 今日のちほど店に電話する。
2 『ワイルドライフ・スピーシーズ』をオンラインで買う。
3 明日早く店に来る。
4 特別価格でカレンダーを買う。

解説 選択肢に store や buy などがあることから，買い物の話題であると推測する。男性は最後の発言で「先着50名に無料のカレンダーを配るから，明日早く来た方がいい」と言っているので，**3** が正解。**4** は special price が誤り。for free と言っており，お金を払って購入するものではない。

(8) 解答 **2**

☆：Hi Daniel, it's your mother. I have to work late today and I won't be able to cook dinner.

★：Do you want me to prepare something?

☆：Actually, there is a chicken pie in the oven and you can eat it anytime. But if you could make a salad, that would be great.

★：Sure, Mom. I can do that.

Question: What will Daniel probably do for dinner?

☆：もしもしダニエル，ママよ。今日は残業しないといけなくて，夜ご飯を作れそうにないわ。

★：僕が何か準備しようか。

☆：実はオーブンにチキンパイがあって，それはいつでも食べていいわ。でも，あなたがサラダを作ってくれたら素晴らしいわ。

★：いいよ，ママ。それならできるよ。

質問：ダニエルは夕食のためにおそらく何をしますか。

1 チキンパイを買う。
2 サラダを作る。
3 チキンを焼く。
4 牛肉を調理する。

解説 選択肢に料理名や食材名が並んでいることから，話題は料理であると推測できる。女性が2回目の発言で「あなたがサラダを作ってくれたら素晴らしい」と言い，ダニエルは Sure と同意しているので，**2** が正解。**1** と **3** は，オーブンにチキンパイがあると言っているだけなので不適。

問題 ➡ 本冊 p.109

合格 LESSON 32 やってみよう！

♪ 30

(1) 解答 **2**

The Foxes' neighbors were going away for their summer vacation so Mr. Fox agreed to take care of their goldfish for three days. There were about 20 goldfish in the tank all about the same size but different in color. All he had to do was feed them 2 to 3 times a day. It was very easy.

Question: What did Mr. Fox do?

フォックス家の隣人が夏休みで旅行に行くことになったので，フォックスさんは3日間彼らの金魚の世話をすることを引き受けた。金魚はタンクの中に約20匹いて，すべて同じ大きさだが色が違っていた。彼がしなければならないことは1日に2〜3回えさをやることだけだった。それはとても簡単だった。

質問：フォックスさんは何をしましたか。

1 彼は金魚のえさをやることを隣人に頼んだ。
2 彼は隣人の金魚の面倒を見た。
3 彼は夏の休暇の間に20匹の金魚を買った。
4 彼は金魚のために水槽を異なる色に塗った。

解説 冒頭の The Foxes' neighbors were going away ... から隣人が不在になり，Mr. Fox が彼らの金魚の世話をすることを引き受けたという流れである。Mr. Fox agreed to take care of から，take care of を look after に言い換えた **2** が正解とわかる。**3** は金魚を買ったわけではないので bought が不適。

(2) 解答 **3**

Dylan loved pizza so much that he decided to travel to Italy during his spring break. He had a comfortable flight and landed with no problems. Then a problem occurred when he went to pick up his luggage. He waited for a

while but his luggage didn't appear. He then had to wait in line and fill out some forms.
Question: What problem did Dylan have?

ディランはピザがとても好きだったので，春休みにイタリアへ旅行することにした。彼は快適な空の旅をして何の問題もなく着陸した。問題は彼が荷物を受け取りに行ったときに起こった。彼はしばらく待ったが彼の荷物は現れなかった。それから彼は列に並んで用紙に記入しなければならなかった。

質問：ディランにはどんな問題がありましたか。
1 自分の荷物を認識するのに苦労した。
2 重い荷物を持ち上げなければならなかった。
3 長い間列に並んで待たなければならなかった。
4 用紙に記入するのに苦労した。

解説　終盤に He then had to wait in line とあることから，正解は **3**。用紙に記入したとあるが，それを書くのに「苦労した」とまでは言っていないので **4** は不適。

(3) 解答 **3**

Parrots are very smart, and believed to be one of the most intelligent bird species. They are also very social and they need a lot of attention such as being talked to and held. As pets, parrots can copy the sounds of a ringing phone, a vacuum cleaner, and a doorbell chime. Some parrots can live up to 80 years.
Question: What is one thing we learn about parrots?

オウムはとても賢く，最も知的な鳥の種の１つだと考えられている。オウムはまた非常に社会的で話しかけられたり抱きしめられたりという多くの注目を必要としている。ペットとしてはオウムは電話が鳴る音や掃除機，玄関のチャイムなどの音をまねすることができる。オウムによっては 80 年も生きるものもいる。

質問：オウムについてわかることの１つは何ですか。
1 人を恐れている。
2 数年しか生きられない。
3 とても知的である。
4 掃除機のようにやかましい。

解説　冒頭の Parrots are very smart ... one of the most intelligent bird species. から **3** が正解だ

とわかる。それに続く文で「社会的で人との関わりが必要」だとわかるので **1** は誤り。80 年も生きるものもいるので，**2** も誤り。やかましいとは言っていないので **4** も誤り。

(4) 解答 **1**

Hi everyone. I'm John, the soccer team captain. I'd like to let you know about a change to the game schedule. Unfortunately, because of yesterday's heavy rain, we have had to move today's game to next Saturday at 11:00 a.m. This is an important game for us so please come and support the team if you have time.
Question: What does the captain tell the students?

皆さん，こんにちは。サッカーチームのキャプテンのジョンです。試合日程の変更についてお知らせします。残念なことに，昨日のひどい雨のせいで，今日の試合は土曜日の午前 11 時に変更しなければならなくなりました。これは僕たちにとって重要な試合なので，時間があれば応援に来てください。

質問：キャプテンは生徒たちに何を言っていますか。
1 試合は土曜日まで延期された。
2 チームは重要な試合に負けた。
3 生徒たちは試合の前に天気をチェックすべきだ。
4 試合の開始は午後に移動になった。

解説　選択肢の game, team などから何らかのスポーツの試合の話だと推測でき，冒頭の Hi, everyone. I'm John, the soccer team captain ... より，キャプテンから生徒たちへの呼びかけだとわかる。続く I'd like to let you know about a change to the game schedule. で試合日程の変更を述べることがわかる。中盤の move today's game to next Saturday から，**1** が正解。

問題 ➡ 本冊 p.111

合格
LESSON
33 やってみよう！
🎵 **32**

(1) 解答 **3**

Good morning, shoppers. We'd like to announce that we will be having a one-hour sale on fresh fruit and vegetables for up to 30% off. We have a variety of fruit and summer vegetables. You don't need any

discount coupons. Hurry as items are limited!
Question: What is one thing the speaker says?

お買い物中の皆さま，おはようございます。新鮮な果物と野菜が最大３割引になる１時間のタイムセールがあることをお知らせします。さまざまな果物と夏野菜をご用意しています。割引のクーポンは必要ありません。商品が限られていますので，お急ぎください！

質問：話者が言っていることの１つは何ですか。
1 店が１時間後に閉まる。
2 客は割引クーポンを使わなければならない。
3 果物と野菜がセールになる。
4 すべての商品が割引される。

解説 選択肢の store や discount から，店での割引が話題だと予想する。冒頭の Good morning, shoppers. から，店内アナウンスであることがわかり，We'd like to announce that ...「…をお知らせします」の後の one-hour sale on fresh fruit and vegetables から，**3** が正解だとわかる。

(2) 解答 **3**

Good morning, students. I would like to remind you that the school concert will take place this Friday afternoon in the main hall. You may invite members of your family to come. Each student may receive up to four tickets for family members to attend. Please tell your homeroom teacher how many tickets you'll need by tomorrow.
Question: What is one thing the speaker says?

生徒の皆さん，おはようございます。学校コンサートが金曜日の午後メインホールで開催されることをお伝えします。ご家族を招待して来ていただくことができます。それぞれの生徒が家族参加用に４枚までチケットを受け取れます。何枚チケットが必要かを明日までに担任の先生に知らせてください。

質問：話者が言っていることの１つは何ですか。
1 学校のコンサートは金曜日に延期になった。
2 それぞれの生徒は家族のために４枚のチケットを買わなければならない。
3 コンサートチケットは家族４人までに限られる。
4 生徒は明日までにチケットを受け取らなければならない。

解説 Good morning, students という呼びかけと I would like to remind you that ... から学校

放送でのコンサートチケットについてのお知らせであることをつかむ。次に家族の招待について，Each student may receive up to four tickets ... to attend. で「４枚までのチケットを受け取れる」と述べているので，正解は **3**。**1** の延期については述べていない。「買わなければならない」ということではないので **2** は誤り。明日までにすることは受け取ることではなく，枚数の確認なので **4** も誤り。

(3) 解答 **4**

Glass igloos are a kind of little glass dome that is specially designed to view the aurora. The igloos are warm inside and the glass roof is heated to keep it free of snow and ice so that guests always have a perfect view of the sky. These igloos are usually for two people with two beds and a bathroom. The majority of glass igloos are located in Finland.
Question: Why are the roofs of glass igloos heated?

ガラスのイグルーはオーロラを見るために特別に設計された小さいガラスのドームの一種です。このイグルーは中が暖かく，客が完璧な空の景色を見られるように，ガラスの屋根は加熱されていて，雪や氷がつきません。これらのイグルーは，たいていはベッドが２つとトイレのある２人用です。ガラスのイグルーのほとんどはフィンランドにあります。

質問：ガラスのイグルーの屋根はなぜ加熱されているのですか。
1 イグルーを頑丈にするため。
2 デザインを完璧にしておくため。
3 フィンランド様式を維持するため。
4 屋根に雪や氷がつかないように。

解説 冒頭に Glass igloos という聞き慣れない単語が出てくるが，直後にそれは a kind of little glass dome であると説明がある。中盤の heated to keep it free of snow and ice より，**4** が正解。選択肢では free が clear と言い換えられている点にも注意。

(4) 解答 **2**

Last year, Thomas and Nancy moved from the city to the country because Thomas retired at the age of 65. They like the quiet neighborhood, clean air and most of all, their large garden. They both enjoy planting and gardening. This morning, they picked some fresh vegetables from their garden and had a healthy breakfast.

Question: What is one thing we learn about Thomas and Nancy?

昨年，トーマスとナンシーはトーマスが65歳で退職したので都市から田舎へ引っ越した。彼らは静かな地域やきれいな空気，そして何よりも大きな庭が気に入っている。彼らは2人とも栽培やガーデニングを楽しんでいる。今朝，彼らは庭から新鮮な野菜を収穫し，健康的な朝食をとった。

質問：トーマスとナンシーについてわかることの1つは何ですか。

1 彼らは田舎に長年住んでいる。
2 彼らは大きな庭を持ち，野菜を育てている。
3 彼らは隣人と一緒に栽培やガーデニングを楽しんでいる。
4 彼らは毎日新鮮な野菜を買っている。

解説　中盤の like ... their large garden と enjoy ... gardening から，正解は**2**。昨年田舎に引っ越したとあるので，**1**は誤り。栽培やガーデニングは隣人と一緒にしているわけではないので，**3**は誤り。野菜を収穫したとあるが買ったとは述べられていないので，**4**も誤り。

問題 ➡ 本冊 p.112〜113

合格 LESSON 32〜33 チェックテスト 🎵33

(1) 解答 **3**

Good afternoon, passengers. This is your captain speaking. The weather in Brussels is sunny, and the temperature is 24 degrees. We are expecting to land at Brussels Airport at 3:50 as scheduled. The cabin crew will be coming around to offer snacks and beverages shortly. We hope you enjoy your flight.

Question: What is one thing that the captain says?

乗客の皆さまこんにちは。こちらは機長です。ブリュッセルの天候は晴れ，気温は24度です。ブリュッセル空港にはスケジュール通り3時50分に着陸の予定です。キャビンのクルーがまもなく皆さまの元へ軽い食事とお飲み物をお持ちします。フライトをお楽しみいただけるように願っています。

質問：機長が言っていることの1つは何ですか。

1 フライトは遅れるだろう。
2 ブリュッセルは曇っている。
3 食べ物と飲み物がまもなく提供されるだろう。
4 乗客は雑誌を受け取るだろう。

解説　冒頭の Good afternoon, passengers. This is your captain speaking. より，機長からの機内アナウンスであることをつかむ。機長の発言の要旨は，目的地の天候と気温，着陸時刻，まもなく軽食が配布されること，の3点である。よって，**3**が正解。**1**と**2**は発言内容に合わず，**4**は発言に含まれていない。

(2) 解答 **4**

Brandon is a high school student. He loves traveling with his family. After a family trip to Europe, he became interested in architecture and started thinking about studying it at university. Brandon can speak Spanish, so he is also thinking of studying at a university in Spain.

Question: What does Brandon want to do?

ブランドンは高校生だ。彼は家族と旅行するのが大好きだ。ヨーロッパへの家族旅行のあと，彼は建築に興味を持ち始め，大学でそれを学ぶことを考え始めた。ブランドンはスペイン語が話せるので，彼はスペインの大学で勉強することも考えている。

質問：ブランドンがしたいことは何ですか。

1 ヨーロッパで職を得る。
2 家族でスペインに行く。
3 スペイン語を学び始める。
4 建築を勉強する。

解説　ブランドンがしたいことは，第3文の内容から大学で建築を学ぶことなので，**4**が正解だと判断できる。彼はスペイン語が話せるため，スペインへの大学進学を考えているので，**1**と**3**は誤り。家族旅行は大好きだが，家族でスペインに行きたいとは言っていないので**2**も不適。

(3) 解答 **1**

Math is Rachel's worst subject. She has trouble understanding her teacher, Mr. Wang. One reason for this is that he speaks very quickly. Another reason is that his handwriting is very difficult to read. Rachel plans to discuss her problems with Mr. Wang today after class but she is afraid he might get hurt or angry.

Question: What is one reason Rachel cannot follow Mr. Wang in his class?

数学はレイチェルが一番苦手な科目だ。彼女はワン先生が言っていることを理解するのに苦労している。その理由の１つは，彼が非常に速く話すことだ。もう１つの理由は，彼の手書きの文字がとても読みにくいことだ。レイチェルは今日の放課後，ワン先生とその問題について話し合うつもりだが，彼が傷ついたり怒ったりするかもしれないことを，彼女は恐れている。

質問：レイチェルがワン先生の授業についていけない理由の１つは何ですか。

1 彼がとても速く話す。

2 彼は書くのが速すぎる。

3 彼は傷ついたり怒ったりする。

4 彼は問題を話し合う。

解説　中盤の One reason と Another reason 以下に授業についていけない理由が述べられている。先生は「話すのが速く，字が読みにくい」と述べているので，**1** が正解。「手書きの文字が読みにくい」とは言っているが，そのスピードについては述べられていないので **2** は不適。

---

(4)　解答　**1**

Daniel went to see a movie with his friend, Kate. When he came back home, he found that he couldn't find his wallet. He knew he had it when he got into Kate's car to go to the movie theater. But Kate bought their tickets and so he didn't need to get it out. As a result, he could not remember if he had it during the movie.

Question: Why didn't Daniel find that he had lost his wallet during the movie?

ダニエルは友人のケイトと映画を見に行った。帰宅したとき，彼は財布がないことに気づいた。彼は映画館に行くためにケイトの車に乗ったときにそれを持っていたのはわかっていた。しかし，ケイトがチケットを買ったので，彼はそれを取り出す必要がなかった。その結果，映画の間それを持っていたかどうか覚えていなかった。

質問：なぜダニエルは映画の間，財布をなくしたとわからなかったのですか。

1 彼がチケットを買わなかったから。

2 彼が映画に夢中だったから。

3 ケイトが彼に新しい財布を買ったから。

4 彼がケイトの車の中にそれを置き忘れたと考えたから。

解説　終盤の As a result「その結果」以降で「映画の間それ（＝財布）を持っていたか覚えていなかった」と述べられており，その前に「ケイトがチケットを買ったので，彼はそれ（＝財布）を取り出す必要がなかった」と理由が述べられているので，正解は **1**。Kate bought their tickets を選択肢では He didn't buy the tickets. と言い換えている。

---

(5)　解答　**4**

It was Harry's birthday yesterday. His mother cooked a special dinner for him. She made curry and rice, which is Harry's favorite dish. She learned to cook Japanese style curry when she stayed in Japan for a year. The curry has onions, carrots, potatoes and beef in it and is really good. Harry ate so much curry that everyone was surprised.

Question: What happened on Harry's birthday?

昨日はハリーの誕生日だった。彼の母親は彼のために特別な夕食を作った。それはカレーライスで，ハリーの大好きな料理だ。彼女は日本に１年間滞在したときに日本流のカレーの作り方を学んだ。カレーの中にはタマネギ，ニンジン，ジャガイモ，牛肉が入っていて，本当においしいのだ。ハリーはかなりたくさん食べたのでみんなは驚いた。

質問：ハリーの誕生日に何が起こりましたか。

1 ハリーの母親が特別なカレーを注文した。

2 ハリーの友達が日本から戻ってきた。

3 彼の家族がハリーを驚かせた。

4 ハリーがカレーをたくさん食べた。

解説　すべての選択肢に Harry とあることから，ハリーという人物の話だと予想する。最終文の Harry ate so much curry that everyone was surprised. から，**4** が正解。**1** は ordered が誤り。**2** は日本にいたことがあるのはハリーの母親であり，友達ではない。驚いたのはハリーではなくみんななので **3** も不適。

---

(6)　解答　**1**

Miki's cousins live in Wakayama. Their family

has grown Japanese plums for a long time as their family business. Every year they make plum syrup and send some to Miki's family. It is made from plums and sugar. It smells very good and tastes really fresh. They usually use honey instead of sugar and that makes it even better.

Question: What does Miki's cousins' family do as a family business?

ミキのいとこたちは和歌山に住んでいる。彼らの家族は家業として長い間梅を栽培してきた。毎年彼らは梅のシロップを作ってミキの家族に送ってくれる。それは梅の実と砂糖で作られている。とても香りがよく，本当にさわやかな味がする。彼らはたいてい砂糖の代わりに蜂蜜を使うのだが，そうするともっとおいしくなるのだ。

質問：ミキのいとこたちの家業は何ですか。

1 梅を栽培すること。

2 梅シロップを作ること。

3 梅干しを作ること。

4 蜂蜜を集めること。

解説 冒頭に Miki's cousins ... とあることから，ミキのいとこたちの話であることをつかむ。その後の Their family has grown Japanese plums ... as their family business. から，正解は **1**。梅シロップは作るが，それが家業ではないので **2** は誤り。蜂蜜はシロップ作成時の工夫の1つで，梅干しについては言及がないので，**3** と **4** も誤り。

(7) **解答** 4

Since the last century, the earth's temperature has risen by one degree Celsius. We call this "climate change" or "global warming." An increase in one degree Celsius may not seem like much, but it is affecting humans and wildlife. It is resulting in more heavy rain and a rise in the sea levels around the world.

Question: What is one thing the speaker says about climate change?

前世紀以来，地球の気温は摂氏1度上昇した。我々はこれを「気候変動」または「地球温暖化」と呼ぶ。摂氏1度の上昇はたいしたことがないように思えるかもしれないが，人間と野生生物に影響を与えている。それは激しい降雨，それに世界中の海面上昇という結果を招いている。

質問：話者が気候変動について言っていることの1つは何ですか。

1 それは地球の気温を保つ。

2 海面を下降させる。

3 植物を育てるのに役立つ。

4 人間と動物に影響を及ぼす。

解説 選択肢の earth's temperature や sea level などから環境の話であると予測する。climate change「気候変動」について述べられており，中盤で it is affecting humans and wildlife と述べていることから，**4** が正解。「気温上昇の結果，降雨量が増し，海面上昇につながっている」という内容なので，**1** と **2** は誤り。**3** は英文中で触れられていない。

(8) **解答** 4

The seven-spot ladybug is the most common ladybug in Europe but it is found in many countries. Its red body and black spots warn other insects and animals to stay away. If the ladybug is attacked, it releases a bad-tasting liquid. It also stays still, as if dead, so that it won't be eaten.

Question: What is one way a seven-spot ladybug avoids being eaten?

ナナホシテントウはヨーロッパで最も一般的なテントウムシだが，多くの国で見かけられる。赤い体と黒い点は他の昆虫や動物に，近づかないよう警告する。そのテントウムシは攻撃されると，嫌な味のする液体を出す。それはまた，食べられないように，まるで死んでいるかのようにじっとしている。

質問：ナナホシテントウが食べられるのを避けるための1つの方法は何ですか。

1 他の動物を攻撃する。

2 赤い液体を吹きかける。

3 すばやく逃げる。

4 動くのをやめる。

解説 終盤で stays still, as if dead, so that it won't be eaten「食べられないように，まるで死んでいるかのようにじっとしている」と述べられているので，それを言い換えた **4** の stops moving「動くのをやめる」が正解。攻撃されたときに液体を吹きかけるとあるが，その色については述べられていないので **2** は不適切。

そっくり模試 【解答一覧】

問題 ➡ 本冊 p.120〜135

筆記解答欄

問題番号		1	2	3	4
1	(1)				④
	(2)				④
	(3)			③	
	(4)	①			
	(5)		②		
	(6)		②		
	(7)			③	
	(8)		②		
	(9)			③	
	(10)		②		
	(11)				④
	(12)			③	
	(13)			③	
	(14)	①			
	(15)				④

筆記解答欄

問題番号		1	2	3	4
2	(16)	①			
	(17)		②		
	(18)				④
	(19)			③	
	(20)		②		
3	(21)		②		
	(22)			③	
4	(23)		②		
	(24)	①			
	(25)		②		
	(26)			③	
	(27)			③	
	(28)		②		
	(29)	①			

リスニング解答欄

問題番号		1	2	3	4
第1部	例題			●	
	No.1			③	
	No.2	①			
	No.3		②		
	No.4			③	
	No.5			③	
	No.6			③	
	No.7			③	
	No.8	①			
	No.9		②		
	No.10	①			
第2部	No.11			③	
	No.12		②		
	No.13	①			
	No.14	①			
	No.15	①			
	No.16		②		
	No.17		②		
	No.18			③	
	No.19		②		
	No.20		②		
第3部	No.21			③	
	No.22		②		
	No.23		②		
	No.24	①			
	No.25			③	
	No.26	①			
	No.27		②		
	No.28		②		
	No.29				④
	No.30			③	

※筆記 5 ， 6 の解答例は p.46 〜 47 にあります。

1

(1) 解答 **4**

「エミリーは感謝祭の日にはいつもパンプキンパイのデザートがついた七面鳥のディナーを食べる。それが一家の**しきたり**だ」

解説 特定の日の夕食に常に決まったものを食べる行為は，毎年繰り返される **4** tradition「伝統，慣例，しきたり」と言える。**1** material「材料」，**2** argument「論争」，**3** purpose「目的」。

(2) 解答 **4**

A:「雨が降りそうだ」

B:「私は傘を忘れずに持ってくることがほとんどないんだけど。**運よく**今日は覚えていたわ」

解説 remember to *do* で「忘れずに～する」が hardly ever「めったに～ない」で否定されており，「持ってくるのを忘れないことがめったにない」ということになる。雨が降りそうな状況で，普段持ってきていない傘を今日は持ってきたということは，**4** Luckily「運よく」ということになろう。**1** Unfortunately「残念なことに」，**2** Widely「広範囲に」，**3** Heavily「激しく」。

(3) 解答 **3**

「タロウとメグミは6月に結婚式を挙げる予定なので，おそらく3月末までには**招待状**を発送するべきだろう」

解説 6月に結婚式を挙げようとしている2人が，3月末までに発送すべきものを考えれば，**3** invitation「招待状」が自然である。**1** position「立場」，**2** condition「状態」，**4** opportunity「機会」。

(4) 解答 **1**

A:「お兄さんがあなたのお気に入りのCDをなくしたことをまだ怒っているの？」

B:「いや，もう怒っていない。兄さんが**謝った**後で彼を許したよ」

解説 腹を立てていた相手をもう怒っておらず，許したということは，相手が **1** apologized「謝った」からと考えられる。**2** remove「～を取り除く」，**3** fail「失敗する」，**4** announce「～を知らせる」。

(5) 解答 **2**

「そのスポーツでは**身長が高い**ことは有利になるにもかかわらず，比較的背が低くても優秀なバスケットボール選手はたくさんいる」

解説 even though ～「～にもかかわらず，～けれども」という接続表現から short の反対の意味が空所に入ると考えられるので，**2** height「身長が高いこと」が正解。**1** profit「利益」，**3** theme「テーマ」，**4** charity「慈善行為」。

(6) 解答 **2**

A:「ママ，私の携帯電話が見つからないの。ここに**置いた**と思うんだけど」

B:「あなたは数分前に使ってたじゃない。どこかにあるはずよ」

解説 A は最初の発言で携帯電話が見つからないと言っており，B はそれを受けて「数分前に使っていた」という流れから，lay「～を置く」の過去形である **2** laid。**1** choose「～を選ぶ」，**3** repair「～を修理する」，**4** reserve「～を予約する」。

(7) 解答 **3**

A:「僕たちの飛行機は正午に離陸する予定だよね。もう11時50分だよ」

B:「はい，でもすべての**乗客**がまだ搭乗していないようです」

解説 A の発言は飛行機の出発時間について確認している。B の発言の空所の後の動詞 boarded は「（乗り物）に乗る」という意味で，その主語として適切なのは **3** passenger「乗客」である。**1** audience「聴衆」はコンサートなどの客，**2** tourist「旅行者」は考えられるが，飛行機に乗る客すべてではない。**4** employee「従業員」。

(8) 解答 **2**

「今では世界の多くの人たちが自国ですしを楽しむ。ところが，**生の魚**を全く食べられない人たちもいる」

解説 すしに使用する魚がどのような状態かと言えば，**2** raw「生の」であることは明らか。**1** fair「公平な」，**3** blind「目の見えない」，**4** empty「空の」。

(9) 解答 **3**

「ジョンソンさんは22歳のときから同じ食品会社で働いてきた。彼はついに来年65歳で**退職する**予定だ」

解説 長年同じ会社に勤務してきた人が，最後に

65歳でとる行為とすれば，**3** retire「〜を退職する」以外には考えられない。**1** recover「回復する」，**2** memorize「〜を記憶する」，**4** afford「〜に対する余裕がある」。

(10) 解答 **2**

「ゴミはリサイクルが安価でできるように，缶，びん，プラスチック，紙用のコンテナに**分別される**」

解説　リサイクルのために缶やびんなどそれぞれ別のコンテナに分けて入れるということなので，**2** separate「〜を分別する」が正解。**1** unite「〜を結びつける」，**3** avoid「〜を避ける」，**4** destroy「〜を破壊する」。

(11) 解答 **4**

A:「僕はもう少しすることがあるんだ。どうぞ先に帰ってください」

B:「わかりました。必ず電気をすべて**消してドアの鍵をかけて**くださいね」

解説　まだ残ってすることがあるというAが最後にすることは電気を消し，ドアの鍵をかけるということになる。したがって，turn と結びつく熟語のうち，turn out 〜「（電気など）を消す」という意味になる **4** out が正解。その他の語の turn と結びついてできる熟語の主な意味は，**1** turn down 〜「〜を断る」，**2** turn to 〜「〜に頼る」，**3** turn on 〜「（電気など）をつける」。

(12) 解答 **3**

「マリは日本生まれだが，小学生時代は英国に住んでいた。彼女は英語と日本語の両方をとてもうまく**話すことができる**」

解説　2つの異なる国で育ったとすれば，2か国語を話す **3** capable of 〜「〜の能力がある」と考えられる。**1** close to 〜「〜に近い」，**2** free from 〜「〜がない」，**4** familiar to 〜「〜によく知られている」。

(13) 解答 **3**

A:「高速列車に乗るのは怖いわ」

B:「心配ないよ。それらはめったに大きな事故を起こさないことを**覚えておいて**」

解説　高速列車を怖がる相手に対し，事故の心配はないということを **3** keep in mind「覚えておいて」と励ましている。**1** make a noise「音を立てる」，**2** take place「起こる」，**4** stay away from 〜「〜から離れている」。

(14) 解答 **1**

「トーマスと彼のチームメイトたちは，その野球の試合に勝つ自信があった。彼らのチームは町で一番強かったからだ。しかしながら，何かが**うまく行かず**，彼らはその試合に負けた」

解説　最強のチームが負けた理由は，何かが **1** go wrong「うまく行か」なかったからだと考えられる。**2** call off 〜「〜を中止する」，**3** look down 〜「〜を見下ろす」，**4** get back「戻る」。

(15) 解答 **4**

A:「私たちの市のそんなに多くの市民が投票しないことを選ぶとは残念なことです」

B:「そうですね。私はすべての市民が選挙に**参加すべき**だと思います」

解説　投票しないことは残念なので，選挙に **4** participate in 〜「〜に参加する」べきだと主張している。**1** run in 〜「〜に駆け込む」，**2** fall through「失敗に終わる」，**3** show off 〜「〜を見せびらかす」。

2

(16) 解答 **1**

A:「ファミリーデンタルクリニックです。どうなさいましたか」

B:「歯が痛いんです。今日アレン先生に診ていただけませんか」

A:「申し訳ありませんが，**先生は今日空いていません**。明日なら午後3時に診てもらうことができます」

B:「それでいいです。ありがとうございます」

1 先生は今日空いていません

2 先生は3日前に診察しました

3 あなたは今日の午後忙しいかもしれません

4 あなたは以前こちらに来たことがあります

解説　空所の直前にある I'm afraid の表現が決め手。「今日診てほしい」という B の申し出を断っていると予想され，次の文で「明日なら可能です」と続けている。よって，**1** が正解。

(17) 解答 **2**

A:「科学のレポートを明日までに仕上げなければならないとは知らなかった」

B:「黒板に書いてあったし，先生もそう言ってたよ」

A:「本当？1日で書き終えられると思う？」

B:「うーん。おそらく，今晩遅くまで起きている必要があるだろうね」

1 それを完成させるのをあきらめるべきだ

2 1日で書き終えられる

3 先生は後で私に話すかもしれない

4 先生は怒るだろう

解説 明日が締め切りのレポートを話題にしていて，空所の質問文に対し，Bが「(君は) 今晩遅くまで起きている必要がある」と答えているので，空所にはAが行うためには遅くまでかかるような行為が入るとわかる。つまり，レポートを仕上げられると思うかと尋ねていると考えられるので，**2**が正解。

(18) 解答 **4**

A:「新しい髪型が素敵ね，マリア」

B:「ありがとう，ジュリア。スーパースタイルで切ってもらったの」

A:「私もそこに行ったことがあるけど，**ちょっと料金が高いと思う**」

B:「あら，クーポンを使えばいいのよ。20%引きになるわ」

1 髪を短く切りすぎた

2 私の髪は十分に長い

3 いつも混んでいる

4 ちょっと料金が高い

解説 空所のAの意見に対して，次の文でBが「クーポンを使えば安くなる」と言っており，空所には料金が高いという趣旨の発言が入ると予想できる。料金を話題にしている**4**が正解。

---

(19) (20)

A:「おはようございます，お客さま。ご注文はお決まりですか」

B:「はい。チーズオムレツとトーストにします」

A:「パンはどれにしますか」

B:「ええと，**どれがおすすめですか**」

A:「うーん，ホワイトブレッドが一番人気があります」

B:「じゃあ，ホワイトブレッドをください。それからコーヒーをもらえますか」

A:「かしこまりました。**他に何かお持ちしましょうか**」

B:「いいえ，結構です。それで全部です」

(19) 解答 **3**

1 今日はベーカリーは営業していますか

2 どれぐらい時間がかかりますか

3 どれがおすすめですか

4 もう少し時間がかかりますか

解説 空所のBの質問に対して，Aが「ホワイトブレッドが一番人気がある」と答え，さらに続けてBがそれを注文していることから，店員におすすめのパンを聞いていることがわかる。よって，**3**が正解。

(20) 解答 **2**

1 伝票をお持ちしますか

2 他に何かお持ちしましょうか

3 コーヒーをもう少しいかがですか

4 お飲み物は何になさいますか

解説 コーヒーの注文のあと，Aの空所の質問に対して，BがThat's all.「それで全部です」と言っていることから，空所には他の注文の有無を尋ねる表現が入ると考えられる。コーヒーを注文した客に対してさらにすすめる**3**や飲み物について聞く**4**は不適切。よって，**2**が正解。Can I get 〜 ?は「〜をお持ちしましょうか」と申し出る表現。

3

全訳

新しい生活様式

ジョンソン夫妻は，かなり広い裏庭のある小さな家に住む老夫婦である。ジョンソン氏は，お気に入りのひじ掛けいすに座って新聞を読むのが好きだ。ジョンソン夫人は，孫や友人たちとコミュニケーションをとりながら，コンピュータの前で長い時間を過ごす。2人とも夕食後にテレビを見ながら甘いものを食べるのが好きだ。最近，彼らは健康診断を受けた。医者は，もっと健康に気をつけるべきだと言った。2人はもっと運動して，もっと健康に良い食事をするようにと助言された。

ジョンソン夫妻は帰宅すると，医者が言ったことに賛同した。彼らは以前ほど活動的ではなかった。2人ともここ数年体重が増えた。その晩，彼らは生活に変化を起こす決心をした。第一に，彼らは毎日一緒に散歩することに決めた。あまり甘いものや間食をとらないことも約束した。そして最後に，裏庭を菜園にすることに決めた。

(21) 解答 2

1 とても健康的だった
2 もっと健康に気をつけるべきだ
3 かつてないほどに健康だった
4 緊急手術が必要である

解説　空所の前文から健康診断を受けた結果，医師が言ったことが入ると考えられる。次の文で「もっと運動をするように助言された」とあるので，空所には健康面で改善が必要だという意味の表現が入ると推測できる。したがって，**2** が正解。

(22) 解答 3

1 もっとおいしい料理を注文する
2 もっと睡眠をとる
3 変化を起こす
4 ガーデニングをする

解説　第2段落冒頭で医師の助言に夫妻が賛同したとあり，空所直後に3つほど夫妻の決意が書かれている。つまり，夫妻は助言に従って生活改善を決意したということなので，**3** が正解。**4** は後で述べる決意の1つなので，不適切。

---

4 A

全訳

差出人：デイビッド・ブラウン
宛先：ヒデキ・ワタナベさん
日付：6月6日
件名：フィッシングツアーの詳細

ワタナベさん
ホノルル・フィッシングツアーズのデイビッドです。6月27日日曜日の深海フィッシングツアーをご予約いただきましてありがとうございます。午前4時45分にホノルル港にお越しください。船は午前5時出発の予定です。港に戻るのは午後3時を予定しております。絶好の釣り場に着くまで1時間かかる予定です。8時間，最高の釣りをお楽しみいただけます！　運がよければ，イルカを見られるかもしれません。釣り道具はすべて準備されています。釣った魚は鮮度を保つためにすぐに氷詰めにされます。
船上では食べ物，飲み物のサービスがございません。飲み物，軽食，お弁当をお持ちいただくことをおすすめします。港湾ビル内にそういう品々を買えるコンビニエンスストアがございます。

お客さまには，夏の日差しから身を守るために帽子，サングラス，日焼け止めをお持ちいただくようにおすすめもしております。デッキは濡れて滑りやすいので，スニーカーを履いてきていただくのがよいと思います。天候が悪く，波が高い場合は，船長がツアーの中止を決定するかもしれません。そのような場合は，払い戻しとなります。
心を込めて
デイビッド

---

(23) 解答 2

「フィッシングツアーについてわかることは何ですか」
1 ツアーは朝から深夜まで続く。
2 釣り場までボートで約1時間かかる。
3 晴れたらイルカが見られるかもしれない。
4 釣り人は自分の釣り道具を持参する必要がある。

解説　釣り場までの時間は第6文に書かれており，**2** が正解。他の選択肢については，**1** は第5文に「午後3時の帰港」，**3** は第8文に「運がよければイルカが見られるかもしれない」，**4** は第9文に「すべて準備されている」とあり，それぞれ誤りと判断できる。

(24) 解答 1

「なぜ釣り人たちは飲み物や昼食を持参するようすすめられているのですか」
1 船上ではそれらを提供しない。
2 その会社にはコンビニエンスストアがある。
3 港湾ビル内の店が閉まっている。
4 船上でそれらの鮮度を保つことができる。

解説　第2段落第1，2文の読み取りがカギ。ここが理解できれば，正解は **1** 以外には考えられない。港湾ビル内にコンビニエンスストアがあるという記述はあるが，**2** は持参する理由にはならない。そこで買って船内に持ち込めるというアドバイスなので，取り違えないようにしたい。

(25) 解答 3

「釣り人はお金が払い戻されるだろう」
1 ツアーで1匹も魚がとれなければ
2 釣りをしている間海が荒れれば
3 船長がツアーを中止する決断をすれば
4 フィッシングツアーから戻ってきたら

解説　払い戻しについては最終段落の最後の2文に記述がある。払い戻しの条件は「天候不良のため船長

がツアーの中止を決定した場合」とあるので，**3**が正解。「海が荒れる」という表現が文中に出てくるが，それは船長がツアー中止を決定する1つの条件であり，「海が荒れる」ことが即払い戻しの条件にはならない。

再生可能エネルギー

　世界の多くの人口は多くのエネルギーを必要とする。私たちは自宅を冷暖房するため，自動車や電子装置に電源を与えたり，機械を動かすためにエネルギーを必要とする。現在，世界のエネルギーの80%ほどは化石燃料からきている。つまり，私たちが使うエネルギーの80%が石油や石炭や天然ガスのような燃料を燃やすことによって作られているということである。

　世界は2世紀以上化石燃料に依存してきたが，それは主にエネルギーを産出する方法が安くて容易だからである。残念なことに，地球温暖化を促進し，空気を汚染し，私たちの健康を害するので，化石燃料は深刻な問題を生み出している。加えて，化石燃料はやがて枯渇する。こうした問題を解決するために再生可能エネルギーが開発され，世界中で使われつつある。このエネルギーは風や太陽光，水のような再生可能な資源からのエネルギーである。化石燃料と違って，再生可能エネルギーは供給に限度がなく，人間や環境にはるかに害が少ない。

　最も普通に使われる再生可能エネルギー資源は「水力」である。水力は流水からのエネルギーを電気に変換することによっている。それは，太陽エネルギーによって絶えず引き起こされる水循環に依存しているので，再生可能エネルギー源と考えられている。水力発電の最も一般的なタイプはダムの底への「タービン」と呼ばれる機械の設置を伴う。水が非常に高い位置から落ちてタービンを回す。その時この動きが電気に変わる。

　水力には多くの利点がある。それは比較的安く，安全で信頼でき，大量の水を前もって貯蔵できるので，融通が利く。他方で，ダムを建設することは地域の野生生物や人間社会に悪影響を及ぼすことがしばしばある。その悪い点にもかかわらず，世界のエネルギー需要を維持するために，私たちが水力のようなエネルギー源の使用を増やさなければならないことは明らかである。

(26) 解答 **3**

「今日使われているエネルギーの大部分は」
1 石油，石炭や天然ガスに変わりつつある。
2 世界の人口の80%によって使われている。
3 化石燃料を燃やして作られている。
4 電力から直接きている。

解説　第1段落の第3文と第4文より，世界のエネルギーは石油，石炭，天然ガスのような化石燃料を燃やすことによって作られているということなので，**3**が正解。

(27) 解答 **3**

「再生可能エネルギーの資源を開発する利点は何か」
1 化石燃料より安い。
2 環境問題を引き起こす。
3 制限なしに使える。
4 世界中で使うことができる。

解説　第2段落最終文の renewable energy is unlimited in supply and is much less harmful to humans and the environment に利点が述べられている。unlimited in supply に一致する**3**が正解。**4**は第4文に「世界中で使われつつある」とあるが，開発の利点ではないので不適。

(28) 解答 **2**

「水力発電は」
1 太陽の力で作られるエネルギーである。
2 絶えず太陽によって動かされる水循環に基づいている。
3 通常再生可能エネルギーと見なされていない。
4 水の流れを減らすタービンによって制御されている。

解説　第3段落第3文「太陽エネルギーによって絶えず引き起こされる水循環に依存している」という内容に一致する**2**が正解。太陽は関係するが太陽からのエネルギーではないので，**1**は不適。第3文の後半から**3**は不適。タービンは水の流れで回るとあるので**4**も不適。

(29) 解答 **1**

「水力発電に関してどんな問題があるか」
1 水力発電施設を作ることが地元の環境を害することがよくある。
2 世界のエネルギー需要を維持するのが難しい。
3 あらかじめ大量の水を貯蔵しておく必要がある。
4 ダムや水力発電所を建設する費用が高くかかりす

ぎる。

解説 第3文の On the other hand 以下に問題点が述べられている。ダム建設による地域の野生生物や人間社会への悪影響について述べられているので **1** が正解。**3** は利点として述べられているので不適。**4** もダム建設の費用については述べられていないが，水力発電は比較的安いとあるので不適。

5

問題文の訳

こんにちは！

ねえ，聞いて！　週に1回料理のレッスンを受け始めたんだ。ママに教えてくれるように頼んだんだけど，彼女は毎日働いているので忙しくて。ママが料理教室に通うことを勧めてくれたんだよ。今週はパスタを作ったんだけど，とってもおいしかったよ！僕は料理を楽しんでいるけど，いつも楽しいってわけじゃない。料理のあとに鍋やフライパンを洗うのが好きじゃないんだ。君は，若い人たちが料理の仕方を学ぶことは大切だと思う？

あなたの友人，

キース

解答例

> It's great that you're taking cooking lessons. When did you start them? And is the cooking school near your house? About your question, I think learning to cook is important for young people. All children will leave home one day. When they live alone, they will need to cook meals. (50語)

解答例の訳

料理のレッスンを受けているなんてすごい。いつから習い始めたの？　あと，料理教室は家から近いの？　あなたの質問についてだけど，若い人たちが料理を学ぶことは大切だと思う。子供はみんないつかは家を出ていく。一人暮らしをするときに，食事を作ることが必要になるだろうし。

解説 この問題では，料理教室に通っていることを伝えたあと，その状況に至った背景を説明している。そして，料理は楽しい反面，片付けが面倒な点に触れて，「若者が料理の仕方を学ぶことが大切かどうか」を尋ねている。

解答に際しては，問題冒頭に書かれている条件に従う。つまり，「下線部の特徴を問う具体的な質問を2つ」と「相手の質問に対する回答」を含めた上

で，指定された語数で書かなければならない。

解答例では，冒頭で「料理のレッスンを受けているなんてすごい」と感想を述べている。他にも，相手に驚き称賛する表現として，That's amazing! / Sounds great! などと書くこともできるだろう。

続いて，下線部の特徴を問う2つの質問として，「いつから習い始めたのか」と「料理教室は家から近いのか」の2点を尋ねている。この他にも，How many people are taking lessons?「受講生は何人いるの？」などと聞くこともできる。また，How much is the tuition fee?「授業料はいくらかかるの？」と問うことも可能だ。

そのあと，About your question という表現を用いて相手の質問の回答へと話題を転換している。「若者が料理を学ぶことは大切だ」と質問に対する同意の意見を明確に示したあと，その根拠として「将来親から独立する際に自炊が必要になる」と理由を述べている。このように，「自分の立場（意見）」と「そう考える理由」をきちんと書くことが大切である。同意する場合は他にも，We can't always buy cooked food anywhere and anytime.「いつでもどこでも調理ずみ食品が買えるわけではない」や Cooking food for oneself is more economical than eating out.「自炊は外食よりも安上がりだ」と書くこともできる。また，反対の立場としては，Nowadays we can make use of home delivery services for various cooked foods.「今日ではさまざまな調理ずみ食品の宅配サービスが利用できる」や We can enjoy eating out.「外食を楽しめる」などと表現することも可能だ。

6

QUESTION の訳 ━━━━━━━━━━

あなたは日本人が英語を話すのを学ぶのは難しいと思いますか。

━━━━━━━━━━━━━━━━━

解答例 1 (Yes) I think so. There are two reasons I can think of. First of all, English classes at school tend to focus on grammar and reading. We don't have enough time to practice speaking. Second, we don't have many chances to communicate with native English speakers. It's difficult to improve our speaking skills without chances to use it. (57語)

訳 そう思います。考えられる理由は2つあります。まず，学校の英語授業は文法とリーディングに

重点を置く傾向があります。スピーキングを練習する時間は十分ではありません。第二に，私たちは英語のネイティブスピーカーとコミュニケーションをとる機会が多くありません。使う機会がなければ話す技能を高めるのは難しいです。

● ● ●

解答例（2）(No) I don't think so. First, there are more and more foreign tourists around us now. We can practice speaking English by talking to these people. Also, there are a lot of chances where we can learn to speak English using the Internet. We can watch videos, take conversation lessons or ask questions online to improve our speaking skills. (58 語)

訳 そうは思いません。まず，今では私たちの周りにはますます多くの外国人観光客がいます。こういう人たちに話しかけることで，私たちは英語を話す練習ができます。さらに，インターネットを使えば，英会話を学べる機会は多いです。私たちはオンラインで動画を見たり，会話のレッスンを受けたり，質問をしたりして，自分たちのスピーキング力を高めることができます。

● ● ●

解説 解答例（1）では，Yes の観点から First of all「まず第一に」と Second「第二に」という表現を用いて，日本人が英会話を学ぶ難しさについて2つ理由を述べている。1つ目に，学校の授業が文法とリーディング中心である点を挙げ，2つ目にネイティブスピーカーと話す機会の少なさを指摘している。そして，それぞれの理由を裏付ける文として，①授業でスピーキングの練習が十分にできない，②教室外で実際に英語を使わなければスピーキング力は上達しない，という2点に言及している。

一方，No の立場に立つ 解答例（2）では，First「第一に」，Also「また，さらに」という表現を用いて，英語を話す練習は難しくないと考える理由を2つ書いている。1つ目に身の回りの外国人観光客の増加，2つ目にインターネットを使った英語を話す学習の機会が多いという2点を挙げている。さらに支持文として，①外国人観光客に話しかけることで，英語を話す練習の機会が確保でき，②オンライン動画の視聴やオンライン英会話を使うなどすれば，スピーキング力を高める機会は十分にあるとしている。

なお，どちらの解答例も，まとめの文が省略されている。

第1部　♪ 38 ～ ♪ 48

例題　解答 3

☆：Hey, honey. What are we going to do tomorrow?
★：How about going to the movies?
☆：Sounds good. What kind of movie do you want to watch?
1 I'll be in front of the theater.
2 The movie probably starts at 10.
3 A science-fiction movie would be nice.

☆：ねえ，あなた。明日は何をしようか？
★：映画を見に行くのはどう？
☆：いいわね。どんな種類の映画が見たいの？
1 僕は映画館の前にいるだろう。
2 映画はおそらく 10 時に始まるよ。
3 SF 映画がいいな。

No.1　解答 3

☆：Hi Fred. I didn't see you on the bus this morning.
★：Right. I overslept and missed it!
☆：Oh no. How did you come to school then?
1 The next bus was delayed.
2 I just stayed home.
3 My mother drove me.

☆：ねえ，フレッド。今朝，バスで見かけなかったわね。
★：そうなんだ。寝坊して乗り遅れたんだ！
☆：あらまあ。じゃあどうやって学校まで来たの？
1 次のバスが遅れていたんだ。
2 家にいたよ。　**3** 母が車で送ってくれたんだ。

解説 女性の最後の質問の聞き取りがすべてのカギ。「どのようにして学校に来たのか」と聞いているので，応答としては何らかの登校手段を答えるはずで，**3** の「車で送ってもらった」が正解。

No.2　解答 1

★：Excuse me. Where can I find the pencil cases?
☆：Are you looking for one for kids or for adults?

★：I'd like to buy one for my 6-year-old son.

1 I see. You should try the second floor.

2 Hmm. I'm not sure where my pen is.

3 Well, he's just started working here.

★：すみません。筆箱はどこですか。

☆：子供用をお探しですか，それとも大人用ですか。

★：6歳の息子に買いたいのです。

1 なるほど。2階に行ってみてください。

2 うーん。私のペンがどこにあるかわかりません。

3 ええと，彼はここで働き始めたばかりです。

> **解説** 探している筆箱は「子供用か，大人用か」と尋ねられた男性が，最後に「子供用だ」と答えているので，応答としてはその売り場やフロアを答えると予想できる。よって，**1**が正解。

No.3 解答 2

☆：Hello, Dylan. Do you like to watch American football?

★：I do but I've never seen a game in a stadium.

☆：Actually I have tickets for the game tonight.

1 Yes, I'll get some drinks now.

2 Wow. I'd love to go with you!

3 Well, I've played it for five years.

☆：ねえ，ディラン。アメリカンフットボールを見るのは好き？

★：好きだけど，スタジアムで試合を見たことはないんだ。

☆：実は今夜の試合のチケットがあるの。

1 うん，すぐ飲み物を持ってくるよ。

2 わあ。ぜひ一緒に行きたいよ！

3 ええと，5年プレーしてきたよ。

> **解説** アメリカンフットボールを見るのが好きかと聞かれて，好きだと答えた男性に対して，女性が「今夜の試合のチケットがある」と言っているので，その応答は「行きたい」という内容になると予測できる。**2**が正解。

No.4 解答 3

☆：Hey, Dad. Do you know how to say "thank you" in Spanish?

★：I think you say "gracias."

☆：Oh. Have you ever studied Spanish?

1 Yes, your Spanish is very good.

2 No, I've already finished reading.

3 Well, I've visited Spain before.

☆：ねえ，お父さん。スペイン語で「ありがとう」はどう言うか知ってる？

★：「グラシアス」って言うと思うよ。

☆：まあ。スペイン語を勉強したことがあるの？

1 うん，きみはスペイン語がとてもうまいよ。

2 いや，もう読書は終わったよ。

3 そう，以前スペインに行ったことがあるんだ。

> **解説** 最後の発言は「スペイン語を勉強したことがあるか」という質問だが，その趣旨は「なぜスペイン語が話せるのか」ということなので，その理由を答えている**3**が正解。

No.5 解答 3

☆：Hello, Restaurant Midtown.

★：Good morning. I'd like to make a reservation for 7 p.m. on Friday night.

☆：Certainly, sir. How many people will there be?

1 I prefer a table by the window.

2 OK. I'm available on Friday.

3 I'd like a table for six, please.

☆：もしもし，レストラン・ミッドタウンです。

★：おはようございます。金曜日の夜7時に予約をとりたいのですが。

☆：かしこまりました，お客さま。何名さまでしょうか。

1 窓際の席の方がいいです。

2 わかりました。金曜日はあいています。

3 6人用のテーブルをお願いします。

> **解説** 女性の Hello, Restaurant ...，男性の I'd like to make a reservation ... から電話でレストランを予約する場面だとわかる。女性の最後の発言は How many people ...? で人数を聞いているので，**3**が正解。

No.6 解答 3

★：Did you go to the beach on Sunday, Kate?

☆：Yes, Laura and I went looking for seashells.

★：Great. Did you find many?

1 I think she has plans this weekend.

2 She told me that she would be busy.
3 We gathered more than 30 large ones.

★：ケイト，日曜日に海へ行ったのかい？
☆：ええ，ローラと私で貝殻を探しに行ったの。
★：よかったね。たくさん見つけた？
1 彼女は今週末予定があると思うわ。
2 彼女は忙しくなると言ったわ。
3 私たちは大きいのを 30 個以上集めたわ。

> 解説　貝殻を探しに海に行ったという女の子に対して，男性の最後の発言は「たくさん（貝殻を）見つけたか」と尋ねているので，数を答えている **3** が正解。

No.7　解答 **3**

☆：Did you hear about David's plans to go to France?
★：Actually, I was just talking to him about that.
☆：Are you going to go with him?
1 Well, he has been to Europe several times.
2 No, we booked the ticket together.
3 Well, I haven't decided yet.

☆：デイビッドのフランスへ行くという計画を聞いた？
★：実は，彼とその話をしたばかりだよ。
☆：彼と一緒に行くの？
1 ええと，彼は何度かヨーロッパに行ったことがある。
2 いや，一緒にチケットを予約したんだ。
3 ええと，まだ決めてないんだ。

> 解説　最後の女性の発言は，「デイビッドと一緒にフランスに行くのか」と男性に尋ねる質問なので，その応答は「行くか，行かないか」の意思表示に関連したものになると考えられる。ここでは決めかねているという返答で，正解は **3**。**2** は No の返答が不自然。

No.8　解答 **1**

☆：Hello, this is C-tech. May I speak to Fred Smith?
★：Speaking. Have you finished repairing my camera?
☆：Yes. I'd like to know when you could come to pick it up.

1 Great. Let me check my calendar.
2 OK. Put it down over there.
3 Sure. Here is my phone number.

☆：もしもし，シーテックです。フレッド・スミスさんとお話しできますか。
★：私です。カメラの修理が終わったのですか。
☆：そうです。いつカメラを取りに来られるか知りたくて。
1 よかった。予定表を調べさせてください。
2 わかりました。そこに置いてください。
3 いいですよ。これが私の電話番号です。

> 解説　冒頭の発語の Hello, this is ～，May I speak to ～などから，電話での会話だとわかる。最後の女性の発言は「いつカメラを引き取りに来られるのかを知りたい」という内容なので，応答としては「期日」に関するものと予想される。よって，「予定表を調べる」の **1** が正解。

No.9　解答 **2**

★：Sally, what are you carrying?
☆：These are the books I have to read to write my history report.
★：They look heavy. Shall I carry them for you?
1 Good. I've finished the history report already.
2 No thanks. I think I can manage.
3 Oh no. I will complete it as soon as possible.

★：サリー，何を運んでいるの？
☆：歴史のレポートを書くのに読まなければならない本よ。
★：重そうだね。運んであげようか。
1 いいわよ。私は歴史のレポートをもう終えたの。
2 結構よ。自分でなんとかできると思うわ。
3 あらまあ。それをできるだけ早く完成させるわ。

> 解説　最後の男性の発言の聞き取りがすべて。「重そうだから，運ぶのを手伝おうか」という申し出に対する応答なので，頼むか断るかのどちらかであると考えられる。したがって，断りの発言になる **2** が正解。

No.10　解答 **1**

★：Hi, I have a one o'clock appointment with Dr. Bridges.

☆：Can I have a look at your patient registration card?

★：Oh, this is my first time to come here, so I don't have one.

1 Then you need to fill in these forms first.

2 I'd come back later to finish them.

3 Take as much time as you need.

★：こんにちは。1時にブリッジズ先生を予約しています。

☆：診察券を見せてもらえますか。

★：ああ，ここに来るのは初めてなので，持っていません。

1 ではまずこちらの書類に記入していただく必要があります。

2 それらを終わらせるために後で戻ってきます。

3 どうぞ必要なだけ時間をかけてください。

解説 「診察券を見せてほしい」という女性に対して，最後の発言で男性が「初診なので持っていない」と答えており，次の応答は診察券の作成に関するものだと考えられる。よって，**1** が正解。

第2部　🎵 49 ～ 🎵 59

No.11　解答 **3**

☆：Would you like some more tea, sir?

★：No, thank you. Could I have the check?

☆：Certainly. I'll be right back with that.

★：Thank you. Here's my card.

Question: What does the man want to do?

☆：お客さま，もう少しお茶をいかがですか。

★：いいえ，結構です。お勘定をお願いします。

☆：かしこまりました。すぐにお持ちします。

★：ありがとう。私のカードです。

質問：男性は何をしたいのですか。

1 もっとお茶を飲みたい。

2 ケーキを注文したい。

3 支払いをしたい。

4 食べ物を家に持ち帰りたい。

解説 女性がすすめるお茶のお代わりを男性は断っており，その上で男性の発言の中に出てくる check や card という単語が聞き取れれば，支払いを表す正解の **3** はすぐに選べるだろう。

No.12　解答 **3**

★：Excuse me. Can you tell me if there's a post office around here?

☆：Pardon me?

★：I asked if you knew where to find the nearest post office.

☆：Oh, sure. It's on the corner of Second and Main.

Question: What will the man probably do next?

★：すみません。この近くに郵便局があるか教えてもらえますか。

☆：すみませんが，もう一度お願いします。

★：一番近い郵便局はどこか知りませんかとお聞きしたのです。

☆：ああ，知っています。2番街と大通りが交わる角にあります。

質問：男性は次におそらく何をするでしょうか。

1 女性に謝る。

2 他の人に聞く。

3 郵便局へ行く。

4 2つ目の角で曲がる。

解説 最後の女性の発言が，男性の質問に答えて郵便局の場所を教えている内容だとわかれば，正解の **3** は選べるだろう。on the corner という表現から Second (street) と Main (street) がそれぞれ通りの名称だと気づけないと惑わされることになるので注意。

No.13　解答 **1**

☆：I'm glad we're finally done with the presentation!

★：Yeah. We took a long time to prepare for today. Are you busy tonight, Judy?

☆：No. I was just planning to stay at home.

★：How about eating at the new burger shop, then?

Question: What does the man suggest?

☆：やっと発表が終わってうれしいわ！

★：そうだね。今日のために準備するのに長い時間がかかったよね。ジュディ，今夜は忙しい？

☆：いいえ。家にいようと思っていたの。

★：じゃあ，新しいハンバーガーショップで食事をするのはどう？

質問：男性は何を提案していますか。

1 今夜一緒に食事をすること。
2 ジュディの家で時間を過ごすこと。
3 家でハンバーガーを食べること。
4 発表の準備をすること。

解説　最後の男性の発言にある How about ...? から，女性にハンバーガーショップでの食事を提案していることがわかるので，正解は **1**。女性の発言に stay at home とあるが，男性は店で食べることを提案しているので **2** と **3** は不適切。発表は終わっているので，**4** も不適切。

No.14　解答 **1**

★ : Pam, this coffee tastes better than usual.
☆ : Thanks.　My boss, Mr. Wilson, brought some coffee beans from Hawaii.
★ : Oh, did he go to Hawaii on his vacation?
☆ : He said he visited his aunt living there.
Question: How did the woman get the coffee beans?

★ : パム，このコーヒーいつもよりおいしいよ。
☆ : ありがとう。上司のウィルソンさんがハワイからコーヒー豆を持ち帰ったの。
★ : おや，彼は休暇にハワイへ行ったの？
☆ : そこに住んでいるおばさんを訪ねたと言ってたわ。
質問：女性はどのようにしてコーヒー豆を手に入れましたか。
1 上司からもらった。
2 ハワイのおばが彼女に送ってくれた。
3 彼女がハワイで買った。
4 ハワイから輸入されたコーヒーを買った。

解説　最初の女性の発言の聞き取りが正解へのカギ。実際にハワイに行った上司がコーヒー豆を持ち帰ったと言っており，**1** が正解。上司からもらったとは直接述べていないが，他の選択肢を吟味しても，**1** 以外は選べない。

No.15　解答 **1**

☆ : Hi, Nick, are you looking at the map?
★ : Yes.　How far is it from here to Los Angeles?
☆ : It's about 3,000 miles.　Why are you asking?
★ : I'm thinking of going there by car to see my friends there.

Question: What is the man thinking of doing?

☆ : こんにちは，ニック，地図を見ているの？
★ : そうだよ。ここからロサンゼルスまでどれくらい距離があるのかな？
☆ : 約 3,000 マイルよ。どうして？
★ : そこにいる友達に車で会いに行こうと思って。
質問：男性は何をしようと思っていますか。
1 車でロサンゼルスへ行く。
2 ロサンゼルスに引っ越す。
3 飛行機でロサンゼルスに行く。
4 ロサンゼルスの地図を作る。

解説　最後の男性の発言が聞き取れれば，正解の **1** を選ぶことは難しくないだろう。going there (= to Los Angeles) by car の箇所が，選択肢では Drive to ～と置き換えられている点に注意しよう。**2** の move は引っ越しや転勤に使われるので覚えておこう。

No.16　解答 **2**

☆ : South Town Hospital.
★ : Hello.　How late are you open today?
☆ : Until 7, but you might have a long wait today.
★ : I don't mind.　I'll come now as I'm going on a business trip tomorrow.
Question: What is one thing the man says?

☆ : サウスタウン病院です。
★ : もしもし。今日はどのくらい遅くまでやっていますか。
☆ : 7 時までですが，今日は長い時間お待ちいただかなければならないかもしれません。
★ : かまいません。明日出張なので，今から伺います。
質問：男性が言っていることの１つは何ですか。
1 明日，別の病院を試してみる。
2 今日，医者に診てもらいに行く。
3 以前その病院を訪れたことがある。
4 今，出張中である。

解説　最後の男性の発言の聞き取りが正確にできるかどうかが正解へのポイント。「明日出張なので今から（病院に）行く」と述べており，**2** が正解。a business trip に引かれて **4** を選ばないように注意。

No.17　解答　2

☆: John Tuttle Middle School, how can I help you?
★: May I speak to Daisy Peters, please?
☆: I'm sorry. Daisy is out on vacation this week. Shall I take a message?
★: Actually, I'm an uncle of Daisy's. I'll try sending an email then.

Question: What does the man decide to do?

☆: ジョン・タトル中学校です。ご用件は何でしょうか。
★: デイジー・ピーターズさんはいらっしゃいますか。
☆: 申し訳ありません。デイジーは今週休暇で不在です。伝言を承りましょうか。
★: 実は私はデイジーのおじです。ではメールを送ってみます。

質問: 男性はどうすることにしますか。
1 伝言を残すよう頼む。
2 個人的にデイジーと連絡をとる。
3 休暇の後に電話をかけ直す。
4 別の職員と話す。

解説　最後の男性の発言にある an uncle of Daisy's と try sending an email の箇所が，**2** で privately と表現されている点を理解できるかがポイント。「親族なのでメールを送る」ということは，「個人的に連絡をとる」ということになり，**2** が正解。

No.18　解答　3

★: When is your school trip to Vermont, Jessica?
☆: This Saturday. I hope it'll be sunny the whole weekend.
★: The weather forecast says it will be rainy on Friday morning, but it's supposed to be sunny from Friday evening to Sunday evening.
☆: Great. I don't need to take my umbrella with me then.

Question: What does the man say about the weather in Vermont?

★: バーモントへの修学旅行はいつ，ジェシカ？
☆: 今週の土曜日よ。週末ずっと晴れだといいなあ。
★: 天気予報によると，金曜日の午前中は雨だけ

ど，金曜の夜から日曜の夜までは晴れるようだよ。
☆: よかった。じゃあ傘を持っていく必要はないわね。

質問: 男性はバーモントの天気について何と言っていますか。
1 週末ずっと雨が降り続けるだろう。
2 金曜日の朝からいい天気だろう。
3 金曜日の夜からいい天気だろう。
4 土曜日は雨だろう。

解説　曜日と時間帯が繰り返し出てくるので，落ち着いて聞き取ろう。男性は最後の発言で sunny from Friday evening to Sunday evening と明確に述べており，**3** が正解。選択肢にある fine は sunny と同義であることをおさえたい。

No.19　解答　2

☆: Do you go to your parents' hometown for New Year's?
★: Usually, but this year the whole family is planning to take a trip to a hot spring resort.
☆: That will be fun! How many of you will there be?
★: Hmm … there will be twelve.

Question: Why isn't the boy visiting his parents' hometown?

☆: 新年は両親の故郷に行くの？
★: いつもはね，でも今年は家族全員で温泉リゾートに旅行する計画なんだ。
☆: それは楽しそうね！　何人で行くの？
★: うーん… 12人だよ。

質問: 男の子はなぜ両親の故郷に行かないのですか。
1 今年は人数が多くなりすぎる。
2 代わりにみんなでリゾートに出かけるつもりだ。
3 代わりに全員で家にいるつもりだ。
4 誰かが家族のところに来る予定だ。

解説　最初の男の子の発言が聞き取れれば，正解は選べる。Usually, but ...「いつもはね，でも…」と前置きした上で，家族全員で温泉リゾートに行くと言っており，**2** が正解。ここでは数字は解答に関連しないが，人数などが関連することもあるので，全体を聞いてメモをとっておくことが重要。

No.20　解答　2

★：Karen, did you practice the violin during summer vacation?
☆：I didn't practice at all while I was away on our family trip. What about you?
★：I haven't practiced for several days, either. We should start practicing now.
☆：Yeah. Let's practice together at my house this afternoon.
Question: What is one thing we learn about the woman?

★：カレン，夏休み中バイオリンを練習した？
☆：家族旅行に出かけている間は全くしなかったわ。あなたはどう？
★：僕も数日間練習していない。僕たちはすぐに練習を始めるべきだよ。
☆：そうね。今日の午後私の家で一緒に練習しましょうよ。
質問：女性についてわかることの1つは何ですか。
1 彼女は家でバイオリンを教えるつもりである。
2 彼女は家族旅行の間バイオリンを弾かなかった。
3 彼女は家族の前でバイオリンを弾いた。
4 彼女は数日前にバイオリンを練習し始めた。

解説　バイオリンの練習について聞かれた女性は，自身の最初の発言で「家族旅行の間バイオリンを全く練習しなかった」と述べており，**2** が正解。男性と一緒に練習するとは言っているが，教えるとは言っていないので **1** は不適。女性が練習を始めた時期については述べられていないので，**4** も不適。

第3部　♪60 ～ ♪70

No.21　解答　3

Gary went to San Francisco with his family last month. They arrived early in the morning. They had plenty of time before checking in at the hotel, so they decided to take a bus tour of downtown in the morning. They saw some sightseeing spots and had lunch in Chinatown.
Question: Why did Gary and his family choose the bus tour?

ゲイリーは先月家族でサンフランシスコに行った。彼らは早朝に着いた。彼らはホテルでチェックインをする前にたくさん時間があったので，午前中は市街地のバスツアーに参加することにした。彼

らはいくつかの観光スポットを見て，中華街で昼食を食べた。
質問：ゲイリーと彼の家族はなぜバスツアーに参加したのですか。
1 ツアーがホテル前出発だったから。
2 ホテルの従業員がそれをすすめたから。
3 チェックイン前に時間があったから。
4 その値段がかなり安かったから。

解説　〈理由，so ＋結果〉の関係をつかめていれば正解が得られる。so の直後に質問文の内容である「（それなので）バスツアーに参加を決めた」と述べているので，その理由は so の直前のチェックインまで時間があったということ。よって，**3** が正解。

No.22　解答　2

Attention, students. I think everyone is looking forward to our school field trip to the science museum tomorrow. Don't forget to bring your notebooks, pencils, and school cap. You should also bring your lunch and a bottle of water. Remember to come to school by 8:30 tomorrow.
Question: What should the students do tomorrow?

生徒の皆さん，よく聞いてください。皆さんは明日の科学博物館への校外学習を楽しみにしていることと思います。ノート，えんぴつ，校帽を忘れずに持ってきてください。お弁当と水のボトルも持ってきてください。明日は忘れずに8時半までに学校に来てください。
質問：生徒たちは明日何をしなければならないのですか。
1 科学のレポートを書く。
2 自分の弁当を持ってくる。
3 博物館内で弁当を食べる。
4 博物館を8時半に訪れる。

解説　終盤の bring your lunch から，**2** が正解だが，英文中に出てくる選択肢の表現を取り違えないように注意したい。科学博物館には行くが，レポートを書いたり館内で弁当を食べたりするとは言っていない。また，8時半の集合場所は学校である。

No.23　解答　2

Cindy's family got together and had a birthday

party for her grandfather last Saturday. They went to a restaurant. The food was great and the private party room was comfortable. Her grandfather especially liked the grilled chicken he ordered. He asked Cindy to cook one for him some day.

Question: What did Cindy do last Saturday?

シンディーの家族はこの前の土曜日に集まり，祖父の誕生日パーティーを開いた。彼らはレストランへ行った。食べ物はおいしく，個室のパーティールームは快適だった。彼女の祖父は注文したグリルドチキンが特に気に入った。彼はシンディーにいつかそれを彼のために作ってくれるよう頼んだ。

質問：この前の土曜日シンディーは何をしましたか。

1 素晴らしい誕生日プレゼントを受け取った。
2 祖父のためにパーティーを開いた。
3 グリルドチキンを作った。
4 レストランに電話した。

解説 冷静に第1文の聞き取りができれば，正解の**2**は選べるだろう。誕生日の主役は祖父であり，シンディーではないので，**1**は不適切。最後の方でグリルドチキンが出てくるが，これは祖父が注文したのであり，また祖父がいつかシンディーに作ってほしいと述べているだけなので**3**も不適切。

No.24 解答 **1**

Wrasses are a kind of saltwater fish. There are as many as 600 different species of wrasses in the ocean. Many of them are very colorful. Some kinds of wrasse change color when they turn into an adult. Another type of wrasse makes funny noises at night when it sleeps, just like some people.

Question: What is one thing we learn about wrasses?

海水魚の科で，ベラと呼ばれるものがある。海には600種類もの種のベラがいる。その多くは色とりどりだ。ベラの中には成魚になると色が変わる種もある。一部の人間のように，夜眠っているときにおかしな音を出す別の種もある。

質問：ベラについてわかることの1つは何ですか。

1 ベラにはたくさんの種がある。
2 成魚になるとおかしな音を出す。
3 湖に生息するものもいる。

4 夜の間に色が変わるものもいる。

解説 wrasse の意味がわからなくても，冒頭の kind of saltwater fish から海水魚の話題だとわかる。There are as many as 600 different species of wrasses .... から，**1**が正解。**2**は成魚になると音を出すわけではないのでないので不適。**3**は湖に生息するとは述べられていない。**4**も色が変わるのは成魚になったときなので不適切。

No.25 解答 **3**

Last night Josh's mother told him that they were moving to New York next month. She said it would be an exciting adventure, but Josh isn't so sure about that. He is disappointed that he has to leave the baseball team he belongs to now. He is going to tell his coach and teammates about it after their practice today.

Question: What is one thing we learn about Josh?

昨晩ジョシュの母親は彼に，自分たちが来月ニューヨークに引っ越すと伝えた。彼女はそれがわくわくする冒険になりそうだと言ったが，ジョシュはあまりそうは思えない。彼は今所属している野球チームを去らなければならないことにがっかりしている。彼はそれについて今日の練習の後コーチとチームメイトに話すつもりだ。

質問：ジョシュについてわかることの1つは何ですか。

1 彼は喜んで来月ニューヨークに引っ越す。
2 彼は同じ野球チームでプレーし続けるだろう。
3 彼は今日コーチとチームメイトに話すつもりだ。
4 彼はニューヨークに友達を招待するつもりだ。

解説 最後の He is going to ... から**3**が正解だとわかるが，他の選択肢も紛らわしいので注意が必要。特に**1**は isn't so sure や is disappointed の部分が happy ではないと判断できるかがポイント。has to leave the baseball team ... とあるので**2**は不適切。**4**のような内容は述べられていない。

No.26 解答 **1**

Abby rarely eats breakfast because she isn't hungry in the morning. Today she got up early and took a walk around her house. She started to feel hungry, so she entered a bakery. She bought some bread and ate it at home. It tasted so good that she decided to buy it for breakfast every day.

Question: Why did Abby decide to eat breakfast every day?

アビーは朝お腹がすかないのでめったに朝食をとらない。今日彼女は早起きし家の周りを散歩した。お腹がすき始めたので，彼女はベーカリーへ入った。彼女はパンを買い，それを家で食べた。それはとてもおいしかったので，彼女は毎日それを朝食のために買うことに決めた。

質問：なぜアビーは毎日朝食をとることに決めたのですか。

1 食べたパンがとてもおいしかったから。

2 散歩に行ったあと空腹だから。

3 毎朝散歩に行き始めたから。

4 パンを食べるために早起きができるから。

解説　最後の It tasted so good that ... の1文に「それがとてもおいしかったので朝食に買うことにした」ことが述べられている。したがって，**1** が正解。この文の it はすべて bread を指しており，今朝たまたま食べたパンがきっかけで，決心したことを述べている。

No.27　解答 **2**

It's time again for the annual sale at Albert's General Store. You'll love all the wonderful goods we have on sale. You can get towels and soaps at 30 percent off. We also have colorful plates, cups and saucers just like your grandmother had. You'd better hurry. Everything is selling fast.

Question: What is one thing the speaker says?

アルバーツ雑貨店の年に一度のセールの時期がまたやってきました。素晴らしいセールの品を気に入っていただけることでしょう。タオルと石けんが30パーセント引きでお求めいただけます。あなたのおばあさまが持っているような色とりどりのお皿，カップとソーサーもご用意しています。お急ぎください。すぐに売れ切れてしまいますよ。

質問：話者が言っていることの1つは何ですか。

1 店は30分後に閉まる。

2 いくつかの商品は **30 パーセント引き**である。

3 この近くに新しい店が開店した。

4 セールは今日で終わる。

解説　最初の1文でセールについてのお知らせであることをつかもう。「タオルと石けんが30パーセント引き」と言っているので，**2** が正解。閉店時間や近隣の新規開店については触れられていないので，**1**，**3** は不適。また，冒頭の It's time again for the annual sale ... はセールが始まるときの表現なので，**4** も不適切。

No.28　解答 **2**

Terry lives close to his sister Beth. They help each other when in need. When Terry and his wife attended their friends' wedding ceremony, his son stayed at Beth's house. When Beth caught a cold and had a high fever, Terry visited her and cooked some chicken soup for her.

Question: What is one thing we learn about Terry and Beth?

テリーは姉〔妹〕のベスの近くに住んでいる。彼らはお互いに困ったときには助け合う。テリーとその妻が彼らの友達の結婚式に参列したとき，彼の息子はベスの家に滞在した。ベスが風邪をひいて高熱を出したとき，テリーは彼女を訪ね，彼女にチキンスープを作ってあげた。

質問：テリーとベスについてわかることの1つは何ですか。

1 テリーの家族はよくベスの家を訪ねる。

2 テリーの息子はベスの家に滞在した。

3 ベスは友達の結婚式に参列した。

4 ベスはテリーの息子にチキンスープを作った。

解説　選択肢に複数の人名といくつかの行動が出てくるので，ポイントを整理して丁寧に聞き取るようにしたい。「テリーの息子がベスの家に滞在した」と述べていることから，正解は **2** である。**1** のように，テリーの家族が頻繁にベスを訪問するとは述べておらず，**3** と **4** はともにベスの行動ではない。

No.29　解答 **4**

Guy Fawkes Day is a day celebrated in the U.K. on November 5th. In the past, children walked in the streets singing a song. Now people usually celebrate the day with fireworks. In some parks, you can watch

firework displays and buy food from the food stands there.
Question: What is one thing we learn about Guy Fawkes Day?

ガイフォークスデーは11月5日に英国で祝われる日だ。昔は，子供たちが歌いながら通りを歩いた。今，人々はたいてい花火でその日を祝う。公園の中には花火を見ることができ，屋台で食べ物を買えるところもある。

質問：ガイフォークスデーについてわかることの1つは何ですか。

1 人々は家で特別な夕食をとる。
2 人々は歌いながら公園を歩き回る。
3 人々は公園で一緒に歌う。
4 人々はそれを11月に祝う。

解説 出だしから聞きなれない単語が出てくるが，慌てないようにしよう。最初の1文から**4**が正解だが，後に続く祝日を説明する英文を丁寧に聞き取りたい。現在の過ごし方としては，場所は家ではなく公園で，花火を見て屋台の食事を楽しむという過ごし方が紹介されており，**1**，**2**，**3**はそれぞれ場所や時（今か昔か）が異なるのであてはまらない。

No.30　解答 **3**

Ben sometimes goes to dinner parties at his uncle's house. There's usually lots of family, as well as friends and neighbors. He likes talking with them. Some people bring food they cooked at home, so he can eat different kinds of food there. After the dinners, he always helps wash the dishes.
Question: What is one thing we learn about the dinners at Ben's uncle's house?

ベンは時々おじの家での夕食パーティーに行く。たいてい多くの家族，友達，近所の人たちがいる。彼は彼らと話すのが好きだ。家で作った食べ物を持ってくる人もいるので，彼はそこでさまざまな種類の食べ物を食べることができる。夕食のあと，彼はいつも皿洗いを手伝う。

質問：ベンのおじの家での夕食についてわかることの1つは何ですか。

1 ベンの家族は毎週末夕食に参加する。
2 ベンのおじがすべての食事を準備する。
3 ベンはそこにいる人たちと話すのを楽しむ。

4 ベンはさまざまな種類の食べ物を持っていく。

解説 選択肢の表現が英文中に出てくるので，きちんと聞き取ることが大切。He likes talking with them. から正解は**3**。ベンは家族で毎週末おじを訪ねるわけではなく，すべての食事をおじが用意するわけでもないので**1**と**2**は不適切。ベンが料理を持参するとも言っていないので**4**も不適切。